CLASSIQUES & CIE
LYCÉE

Marivaux

Les Acteurs de bonne foi (1757)

Collection dirigée par
Marc Robert

Notes et dossier
Christine Seutin
agrégée de lettres modernes

Hatier

LES ACTEURS DE BONNE FOI

LIRE L'ŒUVRE

L'ŒUVRE DANS L'HISTOIRE

Conception graphique de la maquette :
c-album, Jean-Baptiste Taisne, Rachel Pfleger
Principe de couverture : Double
Mise en pages : Chesteroc Ltd
Iconographie : Hatier Illustration
Suivi éditoral : Luce Camus
Achevé d'imprimer par la Nouvelle Imprimerie Laballery 58500 Clamecy
Dépôt légal n° 93957-0/07 - janvier 2022 - N° d'impression : 201096

ISBN : 978-2-218-93957-0

L'ŒUVRE DANS UN GENRE

VERS L'ÉPREUVE
ARGUMENTER, COMMENTER, RÉDIGER

LES ACTEURS DE BONNE FOI

Portrait de Marivaux, d'après Louis-Michel Van Loo (1707-1771),
huile sur toile, 63 x 52 cm, Versailles,
châteaux de Versailles et de Trianon. Ph © D.R./RMN.

Acteurs[1]

MADAME ARGANTE, mère d'Angélique.
MADAME AMELIN, tante d'Éraste.
ARAMINTE, amie commune.
ÉRASTE, neveu de Madame Amelin, amant[2] d'Angélique.
ANGÉLIQUE, fille de Madame Argante.
MERLIN, valet de chambre d'Éraste, amant de Lisette.
LISETTE, suivante[3] d'Angélique.
BLAISE, fils du fermier de Madame Argante, amant de Colette.
COLETTE, fille du jardinier.
UN NOTAIRE de village.

---

1. *Acteurs* : personnages. \ 2. *Amant, amante* : personne qui aime, qui a déclaré ses sentiments amoureux à l'objet de sa flamme. \ 3. *Suivante* : appellation donnée à la domestique, soubrette ou demoiselle de compagnie, qui accompagne sa maîtresse.

Scène première

ÉRASTE, MERLIN

La scène est dans une maison de campagne de Madame Argante.

MERLIN. – Oui, Monsieur, tout sera prêt ; vous n'avez qu'à faire mettre la salle en état ; à trois heures après midi, je vous garantis que je vous donnerai la comédie.

ÉRASTE. – Tu feras grand plaisir à Madame Amelin, qui s'y attend avec impatience ; et de mon côté, je suis ravi de lui procurer ce petit divertissement : je lui dois bien des attentions ; tu vois ce qu'elle fait pour moi ; je ne suis que son neveu, et elle me donne tout son bien pour me marier avec Angélique, que j'aime. Pourrait-elle me traiter mieux, quand je serais son fils ?

MERLIN. – Allons, il en faut convenir, c'est la meilleure de toutes les tantes du monde, et vous avez raison ; il n'y aurait pas plus de profit à l'avoir pour mère.

ÉRASTE. – Mais, dis-moi, cette comédie dont tu nous régales, est-elle divertissante ? Tu as de l'esprit [1], mais en as-tu assez pour avoir fait quelque chose de passable ?

MERLIN. – Du passable, Monsieur ? Non, il n'est pas de mon

---

1. *Tu as de l'esprit* : tu es intelligent, avisé et fin, capable de bons mots.

ressort ; les génies comme le mien ne connaissent pas le médiocre[1] ; tout ce qu'ils font est charmant ou détestable ; j'excelle ou je tombe, il n'y a jamais de milieu.

ÉRASTE. – Ton génie me fait trembler.

MERLIN. – Vous craignez que je ne tombe ? mais rassurez-vous. Avez-vous jamais acheté le recueil de chansons du Pont-Neuf[2] ? Tout ce que vous y trouverez de beau est de moi. Il y en a surtout une demi-douzaine d'anacréontiques[3], qui sont d'un goût...

ÉRASTE. – D'anacréontiques ! Oh ! puisque tu connais ce mot-là, tu es habile, et je ne me méfie plus de toi. Mais prends garde que Madame Argante ne sache[4] notre projet ; Madame Amelin veut la surprendre[5].

MERLIN. – Lisette, qui est des nôtres, a sans doute gardé le secret. Mademoiselle Angélique, votre future, n'aura rien dit. De votre côté, vous vous êtes tu. J'ai été discret. Mes acteurs sont payés pour se taire ; et nous surprendrons, Monsieur, nous surprendrons.

ÉRASTE. – Et qui sont tes acteurs ?

MERLIN. – Moi, d'abord ; je me nomme le premier, pour vous inspirer de la confiance ; ensuite, Lisette, femme de chambre de Mademoiselle Angélique, et suivante[6] originale ; Blaise, fils du fermier de Madame Argante ; Colette, amante dudit fils du fermier, et fille du jardinier.

ÉRASTE. – Cela promet de quoi rire.

---

1. *Médiocre* : le sens de l'adjectif est encore le plus souvent celui du XVIIe siècle : d'une qualité moyenne, d'où la réplique suivante de Merlin qui insiste sur son incapacité à tomber dans le « milieu ». \ **2.** Il s'agit des petits livrets contenant les chansons qu'interprétaient et vendaient les bateleurs installés sur le Pont-Neuf, à Paris. \ **3.** *Anacréontiques* : textes légers et gracieux, écrits à la manière des poèmes d'Anacréon, poète lyrique grec (560-478 av. J.-C.), et de ses imitateurs. \ **4.** *Ne sache* : ne connaisse. \ **5.** *La surprendre* : l'étonner. \ **6.** Voir ci-dessus, note 3, p. 6.

MERLIN. – Et cela tiendra parole ; j'y ai mis bon ordre. Si vous saviez le coup d'art[1] qu'il y a dans ma pièce !

ÉRASTE. – Dis-moi donc ce que c'est.

MERLIN. – Nous jouerons à l'impromptu[2], Monsieur, à l'impromptu.

ÉRASTE. – Que veux-tu dire : à l'impromptu ?

MERLIN. – Oui. Je n'ai fourni que ce que nous autres beaux esprits appelons le canevas[3] ; la simple nature fournira les dialogues, et cette nature-là sera bouffonne.

ÉRASTE. – La plaisante espèce de comédie ! Elle pourra pourtant nous amuser.

MERLIN. – Vous verrez, vous verrez. J'oublie encore à vous dire une finesse[4] de ma pièce ; c'est que Colette qui doit faire mon amoureuse, et moi qui dois faire son amant, nous sommes convenus tous deux de voir un peu la mine que feront Lisette et Blaise à toutes les tendresses naïves que nous prétendons nous dire ; et le tout, pour éprouver s'ils n'en seront pas un peu alarmés et jaloux ; car vous savez que Blaise doit épouser Colette, et que l'amour nous destine, Lisette et moi, l'un à l'autre. Mais Lisette, Blaise et Colette vont venir ici pour essayer leurs scènes ; ce sont les principaux acteurs. J'ai voulu voir comment ils s'y prendront ; laissez-moi les écouter et les instruire, et retirez-vous : les voilà qui entrent.

ÉRASTE. – Adieu ; fais-nous rire, on ne t'en demande pas davantage.

---

1. *Coup d'art* : élément frappant par son habileté, son originalité artistique. \2. *À l'impromptu* : sans préparation, sans que la pièce soit entièrement rédigée. Manière fréquente d'interpréter des pièces dans la commedia dell'arte, à partir d'un canevas fixant les grandes lignes de l'intrigue et de personnages stéréotypés dont les caractéristiques principales sont connues et déterminées par la tradition. \3. *Le canevas* : les grandes lignes de l'intrigue, le nœud et le dénouement. \4. *Finesse* : astuce, stratagème, ruse.

Scène 2

Lisette, Colette, Blaise, Merlin

Merlin. – Allons, mes enfants, je vous attendais ; montrez-moi un petit échantillon de votre savoir-faire, et tâchons de gagner notre argent le mieux que nous pourrons ; répétons.

Lisette. – Ce que j'aime de ta comédie, c'est que nous nous la donnerons à nous-mêmes ; car je pense que nous allons tenir de jolis propos.

Merlin. – De très jolis propos ; car, dans le plan de ma pièce, vous ne sortez point de votre caractère, vous autres : toi, tu joues une maligne soubrette à qui l'on n'en fait point accroire[1], et te voilà ; Blaise a l'air d'un nigaud pris sans vert[2] et il en fait le rôle ; une petite coquette de village et Colette, c'est la même chose ; un joli homme[3] et moi, c'est tout un. Un joli homme est inconstant, une coquette n'est pas fidèle : Colette trahit Blaise, je néglige ta flamme. Blaise est un sot qui en pleure, tu es une diablesse qui t'en mets en fureur ; et voilà ma pièce. Oh ! je défie qu'on arrange mieux les choses.

Blaise. – Oui, mais si ce que j'allons[4] jouer allait être vrai,

1. *À qui l'on n'en fait point accroire* : que l'on ne peut duper aisément. \2. *Pris sans vert* : pris au dépourvu. Il s'agit sans doute d'une allusion à un jeu ancien : durant le mois de mai, il fallait porter sur son habit une feuille cueillie le jour même ; le joueur pris sans elle (*sans vert*, donc) donnait un gage. \3. *Un joli homme* : aimable, à la mode, qui profite avantageusement de sa situation. \4. *J'allons* : l'usage de la première personne du pluriel est une marque d'appartenance à la paysannerie, d'un manque de culture.

prenez garde, au moins, il ne faut pas du tout de bon[1] ; car j'aime Colette, dame !

MERLIN. – À merveille ! Blaise, je te demande ce ton de nigaud-là dans la pièce.

LISETTE. – Écoutez, Monsieur le joli homme, il a raison ; que ceci ne passe point la raillerie ; car je ne suis pas endurante[2], je vous en avertis.

MERLIN. – Fort bien, Lisette ! Il y a un aigre-doux dans ce ton-là qu'il faut conserver.

COLETTE. – Allez, allez, Mademoiselle Lisette ; il n'y a rien à appriander[3] pour vous ; car vous êtes plus jolie que moi ; Monsieur Merlin le sait bien.

MERLIN. – Courage, friponne ; vous y êtes, c'est dans ce goût-là qu'il faut jouer votre rôle. Allons, commençons à répéter.

LISETTE. – C'est à nous deux à commencer, je crois.

MERLIN. – Oui, nous sommes la première scène ; asseyez-vous là, vous autres ; et nous, débutons. Tu es au fait, Lisette. *(Colette et Blaise s'asseyent comme spectateurs d'une scène dont ils ne sont pas.)* Tu arrives sur le théâtre[4], et tu me trouves rêveur et distrait. Recule-toi un peu, pour me laisser prendre ma contenance.

---

1. *Il ne faut pas du tout de bon* : il ne faut pas du tout changer la situation, prendre le jeu pour la réalité. \ **2.** *Je ne suis pas endurante* : je ne suis pas capable de supporter (la trahison amoureuse, la moquerie, l'inconstance…). \ **3.** *Appriander* : forme paysanne d'*appréhender* (craindre, redouter). \ **4.** *Théâtre* : le mot désigne encore la scène, l'endroit réservé où les acteurs jouent.

Scène 3

MERLIN, LISETTE
(COLETTE *et* BLAISE, *assis.*)

LISETTE, *feignant d'arriver*. – Qu'avez-vous donc, Monsieur Merlin ? vous voilà bien pensif.

MERLIN. – C'est que je me promène.

LISETTE. – Et votre façon, en vous promenant, est-elle de ne pas regarder les gens qui vous abordent ?

MERLIN. – C'est que je suis distrait dans mes promenades.

LISETTE. – Qu'est-ce que c'est que ce langage-là ? il me paraît bien impertinent.

MERLIN, *interrompant la scène*. – Doucement, Lisette, tu me dis des injures au commencement de la scène, par où la finiras-tu [1] ?

LISETTE. – Oh ! ne t'attends pas à des régularités, je dis ce qui me vient ; continuons.

MERLIN. – Où en sommes-nous ?

LISETTE. – Je traitais ton langage d'impertinent.

MERLIN. – Tiens, tu es de méchante humeur ; passons notre chemin, ne nous parlons pas davantage.

LISETTE. – Attendez-vous ici Colette, Monsieur Merlin ?

MERLIN. – Cette question-là nous présage une querelle.

LISETTE. – Tu n'en es pas encore où tu penses.

MERLIN. – Je me contente de savoir que j'en suis où me voilà.

1. Rappelons qu'il s'agit d'un impromptu et que l'acteur improvise ses répliques.

Lisette. – Je sais bien que tu me fuis, et que je t'ennuie depuis quelques jours.

Merlin. – Vous êtes si savante qu'il n'y a pas moyen de vous instruire.

Lisette. – Comment, faquin[1] ! tu ne prends pas seulement la peine de te défendre de ce que je dis là ?

Merlin. – Je n'aime à contredire personne.

Lisette. – Viens çà[2], parle ; avoue-moi que Colette te plaît.

Merlin. – Pourquoi veux-tu qu'elle me déplaise ?

Lisette. – Avoue que tu l'aimes.

Merlin. – Je ne fais jamais de confidence.

Lisette. – Va, va, je n'ai pas besoin que tu me la fasses.

Merlin. – Ne m'en demande donc pas.

Lisette. – Me quitter pour une petite villageoise !

Merlin. – Je ne te quitte pas, je ne bouge.

Colette, *interrompant de l'endroit où elle est assise.* – Oui, mais est-ce du jeu de me dire des injures en mon absence ?

Merlin, *fâché de l'interruption.* – Sans doute, ne voyez-vous pas bien que c'est une fille jalouse qui vous méprise ?

Colette. – Eh bien ! quand ce sera à moi à dire, je prendrai ma revanche.

Lisette. – Et moi, je ne sais plus où j'en suis.

Merlin. – Tu me querellais.

Lisette. – Eh ! dis-moi, dans cette scène-là, puis-je te battre[3] ?

Merlin. – Comme tu n'es qu'une suivante, un coup de poing ne gâtera rien[4].

Lisette. – Reprenons donc, afin que je le place.

---

1. *Faquin* : canaille, individu prétentieux et sot (à l'origine le terme désigne un portefaix, dont le caractère était considéré comme typique de cette attitude). \ **2.** *Çà* : ici (adverbe de lieu qui ne subsiste aujourd'hui que dans l'expression « çà et là »). \ **3.** Cette réplique révèle bien que Merlin est l'artisan principal du divertissement, l'auteur du canevas et le metteur en scène. \ **4.** Remarque qui montre que, pour les domestiques, la violence physique est acceptable dans le théâtre comique.

MERLIN. – Non, non, gardons le coup de poing pour la représentation, et supposons qu'il est donné ; ce serait un double emploi, qui est inutile.

LISETTE. – Je crois aussi que je peux pleurer dans mon chagrin.

MERLIN. – Sans difficulté ; n'y manque pas, mon mérite et ta vanité le veulent.

LISETTE, *éclatant de rire.* – Ton mérite, qui le veut, me faire rire. *(Feignant de pleurer.)* Que je suis à plaindre d'avoir été sensible aux cajoleries de ce fourbe-là ! Adieu : voici la petite impertinente qui entre ; mais laisse-moi faire. *(En s'interrompant.)* Serait-il si mal de la battre un peu ?

COLETTE, *qui s'est levée.* – Non pas, s'il vous plaît ; je ne veux pas que les coups en soient ; je n'ai point affaire d'être battue pour une farce[1] : encore si c'était vrai, je l'endurerais.

LISETTE. – Voyez-vous la fine mouche !

MERLIN. – Ne perdons point le temps à nous interrompre ; va-t'en, Lisette : voici Colette qui entre pendant que tu sors, et tu n'as plus que faire ici. Allons, poursuivons ; reculez-vous un peu, Colette, afin que j'aille au-devant de vous.

1. *Farce* : ici, pièce comique.

Scène 4

MERLIN, COLETTE
(LISETTE *et* BLAISE, *assis.*)

MERLIN. – Bonjour, ma belle enfant : je suis bien sûr que ce n'est pas moi que vous cherchez.

COLETTE. – Non, Monsieur Merlin ; mais ça n'y fait rien ; je suis bien aise de vous y trouver.

MERLIN. – Et moi, je suis charmé de vous rencontrer, Colette.

COLETTE. – Ça est bien obligeant.

MERLIN. – Ne vous êtes-vous pas aperçu[1] du plaisir que j'ai à vous voir ?

COLETTE. – Oui, mais je n'ose pas bonnement m'apercevoir de ce plaisir-là, à cause que j'y en prenrais[2] aussi.

MERLIN, *interrompant.* – Doucement, Colette ; il n'est pas décent de vous déclarer si vite.

COLETTE. – Dame ! comme il faut avoir de l'amiquié[3] pour vous dans cette affaire-là, j'ai cru qu'il n'y avait point de temps à perdre.

MERLIN. – Attendez que je me déclare tout à fait, moi.

BLAISE, *interrompant de son siège.* – Voyez en effet comme alle[4] se presse : an dirait qu'alle y va de bon jeu, je crois que ça m'annonce du guignon[5].

---

1. *Aperçu* : apercue. Les règles d'accord des participes passés des verbes promominaux ne sont pas encore définitivement fixées au XVIIIe siècle. \ **2.** *Prenrais* : prendrais ; forme erronée et paysanne du verbe (voir p. 19, ligne 120 ; p. 23, ligne 52). \ **3.** *Amiquié* : amitié au sens d'affection, d'amour (prononciation erronée et paysanne). \ **4.** *Alle* : prononciation paysanne de *elle*. \ **5.** *Du guignon* : de la malchance, des ennuis (terme familier).

LISETTE, *assise et interrompant*. – Je n'aime pas trop cette saillie-là, non plus.

MERLIN. – C'est qu'elle ne sait pas mieux faire.

COLETTE. – Eh bien ! velà ma pensée tout sens dessus dessous ; pisqu'ils me blâment, je sis trop timide pour aller en avant, s'ils ne s'en vont pas[1].

MERLIN. – Éloignez-vous donc pour l'encourager.

BLAISE, *se levant de son siège*. – Non, morguié[2], je ne veux pas qu'alle ait du courage, moi ; je veux tout entendre.

LISETTE, *assise et interrompant*. – Il est vrai, m'amie, que vous êtes plaisante de vouloir que nous nous en allions.

COLETTE. – Pourquoi aussi me chicanez-vous ?

BLAISE, *interrompant, mais assis*. – Pourquoi te hâtes-tu tant d'être amoureuse de Monsieur Merlin ? Est-ce que tu en sens de l'amour ?

COLETTE. – Mais, vrament ! je sis bien obligée d'en sentir pisque je sis obligée d'en prendre dans la comédie. Comment voulez-vous que je fasse autrement ?

LISETTE, *assise, interrompant*. – Comment ! vous aimez réellement Merlin !

COLETTE. – Il faut bien, pisque c'est mon devoir.

MERLIN, *à Lisette*. – Blaise et toi, vous êtes de grands innocents tous deux ; ne voyez-vous pas qu'elle s'explique mal ? Ce n'est pas qu'elle m'aime tout de bon ; elle veut dire seulement qu'elle doit faire semblant de m'aimer ; n'est-ce pas, Colette ?

COLETTE. – Comme vous voudrez, Monsieur Merlin.

MERLIN. – Allons, continuons, et attendez que je me déclare tout à fait, pour vous montrer sensible à mon amour.

COLETTE. – J'attendrai, Monsieur Merlin ; faites vite.

1. *Velà* : voilà ; *pisqu'ils* : puisqu'ils ; *je sis* : je suis (prononciation paysanne). \ 2. *Morguié* : juron paysan : morbleu (atténuation euphémistique de *mort de Dieu*).

Merlin, *recommençant la scène*. – Que vous êtes aimable, Colette, et que j'envie le sort de Blaise, qui doit être votre mari !

Colette. – Oh ! oh ! est-ce que vous m'aimez, Monsieur Merlin ?

Merlin. – Il y a plus de huit jours que je cherche à vous le dire.

Colette. – Queu[1] dommage ! car je nous accorderions bien tous deux.

Merlin. – Et pourquoi, Colette ?

Colette. – C'est que si vous m'aimez, dame !... Dirai-je ?

Merlin. – Sans doute.

Colette. – C'est que, si vous m'aimez, c'est bian fait ; car il n'y a rian de pardu[2].

Merlin. – Quoi ! chère Colette, votre cœur vous dit quelque chose pour moi ?

Colette. – Oh ! il ne me dit pas queuque[3] chose, il me dit tout à fait.

Merlin. – Que vous me charmez, belle enfant ! Donnez-moi votre jolie main, que je vous en remercie.

Lisette, *interrompant*. – Je défends les mains.

Colette. – Faut pourtant que j'en aie.

Lisette. – Oui, mais il n'est pas nécessaire qu'il les baise.

Merlin. – Entre amants, les mains d'une maîtresse sont toujours de la conversation.

Blaise. – Ne permettez pas qu'elles en soient, Mademoiselle Lisette.

Merlin. – Ne vous fâchez pas, il n'y a qu'à supprimer cet endroit-là.

Colette. – Ce n'est que des mains, au bout du compte.

Merlin. – Je me contenterai de lui tenir la main de la mienne.

Blaise. – Ne faut pas magnier[4] non plus ; n'est-ce pas, Mademoiselle Lisette ?

---

1. *Queu* : forme paysanne de *quel*. \ **2.** *C'est bian fait ; car il n'y a rian de pardu* : c'est bien fait ; car il n'y a rien de perdu. \ **3.** *Queuque* : quelque. \ **4.** *Magnier* : toucher, manipuler.

LISETTE. – C'est le mieux.

MERLIN. – Il n'y aura point assez de vif dans cette scène-là.

COLETTE. – Je sis de votre avis, Monsieur Merlin, et je n'empêche pas les mains, moi.

MERLIN. – Puisqu'on les trouve de trop, laissons-les, et revenons. *(Il recommence la scène.)* Vous m'aimez donc, Colette, et cependant vous allez épouser Blaise ?

COLETTE. – Vraiment ça me fâche assez ; car ce n'est pas moi qui le prends ; c'est mon père et ma mère qui me le baillent.

BLAISE, *interrompant et pleurant*. – Me velà [1] donc bien chanceux !

MERLIN. – Tais-toi donc, tout ceci est de la scène, tu le sais bien.

BLAISE. – C'est que je vais gager que ça est vrai.

MERLIN. – Non, te dis-je ; il faut ou quitter notre projet ou le suivre ; la récompense que Madame Amelin nous a promise vaut bien la peine que nous la gagnions ; je suis fâché d'avoir imaginé ce plan-là, mais je n'ai pas le temps d'en imaginer un autre ; poursuivons.

COLETTE. – Je le trouve bien joli, moi.

LISETTE. – Je ne dis mot, mais je n'en pense pas moins. Quoi qu'il en soit, allons notre chemin [2], pour ne pas risquer notre argent.

MERLIN, *recommençant la scène*. – Vous ne vous souciez donc pas de Blaise, Colette, puisqu'il n'y a que vos parents qui veulent que vous l'épousiez ?

COLETTE. – Non, il ne me revient point ; et si je pouvais, par queuque manigance, m'empêcher de l'avoir pour mon homme, je serais bientôt quitte de li ; car il est si sot !

BLAISE, *interrompant, assis*. – Morgué [3] ! velà une vilaine comédie !

---

1. *Me velà* : me voilà. \2. *Allons notre chemin* : continuons. \3. *Morgué* : autre forme paysanne de *morbleu* (voir ci-dessus, note 2, p. 16).

MERLIN. – *(À Blaise)*. Paix donc ! *(À Colette.)* Vous n'avez qu'à dire à vos parents que vous ne l'aimez pas.

COLETTE. – Bon ! je li ai bien dit à li-même [1], et tout ça n'y fait rien.

BLAISE, *se levant pour interrompre.* – C'est la vérité qu'alle me l'a dit.

COLETTE, *continuant.* – Mais, Monsieur Merlin, si vous me demandiais en mariage, peut-être que vous m'auriais ? Seriais-vous fâché de m'avoir pour femme [2] ?

MERLIN. – J'en serais ravi ; mais il faut s'y prendre adroitement, à cause de Lisette, dont la méchanceté nous nuirait et romprait nos mesures [3].

COLETTE. – Si alle n'était pas ici, je varrions comme nous y prenre ; fallait pas parmettre qu'alle nous écoutît [4].

LISETTE, *se levant pour interrompre.* – Que signifie donc ce que j'entends là ? Car, enfin, voilà un discours qui ne peut entrer dans la représentation de votre scène, puisque je ne serai pas présente quand vous la jouerez.

MERLIN. – Tu n'y seras pas, il est vrai ; mais tu es actuellement devant ses yeux, et par méprise elle se règle là-dessus. N'as-tu jamais entendu parler d'un axiome qui dit que l'objet présent émeut la puissance ? voilà pourquoi elle s'y trompe ; si tu avais étudié, cela ne t'étonnerait pas. À toi, à présent, Blaise ; c'est toi qui entres ici, et qui viens nous interrompre ; retire-toi à quatre pas, pour feindre que tu arrives ; moi, qui t'aperçois venir, je dis à Colette : Voici Blaise qui arrive, ma chère Colette; remettons l'entretien à une autre fois *(à Colette)* et retirez-vous.

1. *Li-même* : lui-même. \2. Les formes paysannes de la 2e personne du pluriel en *-iais* sont mises à la place de la terminaison usuelle en *-iez*. \3. *Romprait nos mesures* : empêcherait nos desseins (de se réaliser). \4. Les erreurs de conjugaisons et les à-peu-près phonétiques montrent le manque de culture de Colette et rendent la scène encore plus comique.

BLAISE, *approchant pour entrer en scène.* – Je suis tout parturbé, moi, je ne sais que dire.

MERLIN. – Tu rencontres Colette sur ton chemin, et tu lui demandes d'avec qui elle sort.

BLAISE, *commençant la scène.* – D'où viens-tu donc, Colette ?

COLETTE. – Eh ! je viens d'où j'étais.

BLAISE. – Comme tu me rudoies !

COLETTE. – Oh ! dame ! accommode-toi ; prends ou laisse. Adieu.

Scène 5

MERLIN, BLAISE
(LISETTE *et* COLETTE, *assises.*)

MERLIN, *interrompant la scène.* – C'est, à cette heure, à moi à qui tu as affaire.

BLAISE. – Tenez, Monsieur Merlin, je ne saurions endurer que vous m'escamotiais [1] ma maîtresse.

MERLIN, *interrompant la scène.* – Tenez, Monsieur Merlin ! Est-ce comme cela qu'on commence une scène ? Dans mes instructions, je t'ai dit de me demander quel était mon entretien avec Colette.

BLAISE. – Eh ! parguié [2] ! ne le sais-je pas, pisque j'y étais ?

MERLIN. – Souviens-toi donc que tu n'étais pas censé y être.

BLAISE, *recommençant.* – Eh bian ! Colette était donc avec vous, Monsieur Merlin ?

MERLIN. – Oui, nous ne faisions que de nous rencontrer.

BLAISE. – On dit pourtant qu'ous [3] en êtes amoureux, Monsieur Merlin, et ça me chagrine, entendez-vous ? Car elle sera mon accordée [4] de mardi en huit.

COLETTE, *se levant et interrompant.* – Oh ! sans vous interrompre, ça est remis de mardi en quinze, et d'ici à ce temps-là, je varrons [5] venir.

1. *Que vous m'escamotiais* : que vous me voliez, me preniez. \ 2. *Parguié* : forme paysanne de *parbleu* (euphémisme pour *par Dieu*). \ 3. *Qu'ous* : que vous (forme abrégée et incorrecte). \ 4. *Accordée* : fiancée, engagée au mariage par un contrat. \ 5. *Varrons* : verrons (pour *je verrai*).

MERLIN. – N'importe ; cette erreur-là n'est ici d'aucune conséquence. *(Reprenant la scène.)* Qui est-ce qui t'a dit, Blaise, que j'aime Colette ?

BLAISE. – C'est vous qui le disiais [1] tout à l'heure.

MERLIN, *interrompant la scène.* – Mais prends donc garde ; souviens-toi encore une fois que tu n'y étais pas.

BLAISE. – C'est donc Mademoiselle Lisette qui me l'a appris, et qui vous donne aussi biaucoup [2] de blâme de cette affaire-là ? Et la velà pour confirmer mon dire.

LISETTE, *d'un ton menaçant, et interrompant.* – Va, va, j'en dirai mon sentiment après la comédie.

MERLIN. – Nous ne ferons jamais rien de cette grue-là [3] : il ne saurait perdre les objets de vue.

LISETTE. – Continuez, continuez ; dans la représentation il ne les verra pas, et cela le corrigera ; quand un homme perd sa maîtresse, il lui est permis d'être distrait, Monsieur Merlin.

BLAISE, *interrompant la scène.* – Cette comédie-là n'est faite que pour nous planter là, Mademoiselle Lisette.

COLETTE. – Eh bien ! plante-moi là itou, toi, Nicodème [4] !

BLAISE, *pleurant.* – Morguié ! ce n'est pas comme ça qu'on en use avec un fiancé de la semaine qui vient.

COLETTE. – Et moi, je te dis que tu ne seras mon fiancé d'aucune semaine.

MERLIN. – Adieu ma comédie ; on m'avait promis dix pistoles [5] pour la faire jouer, et ce poltron-là me les vole comme s'il me les prenait dans ma poche.

COLETTE, *interrompant.* – Eh ! pardi, Monsieur Merlin, velà bian du tintamarre, parce que vous avez de l'amiquié pour moi, et

---

1. Voir ci-dessus, note 2, p. 19. **\2.** *Biaucoup* : beaucoup. **\3.** *Grue* : sot, niais, facile à tromper. **\4.** *Nicodème* : nigaud, Nicodème étant un pharisien qui posait à Jésus des questions naïves. **\5.** *Pistole* : monnaie espagnole ou italienne, à l'origine en or, devenue, en langage courant, une monnaie de compte, équivalant au franc.

que je vous trouve agriable. Eh bian ! oui, je lui plais ; je nous plaisons tous deux[1] ; il est garçon, je sis fille ; il est à marier, moi itou ; il voulait de Mademoiselle Lisette, il n'en veut pus ; il la quitte, je te quitte ; il me prend, je le prends. Quant à ce qui est de vous autres, il n'y a que patience à prenre.

BLAISE. – Velà de belles fiançailles !

LISETTE, *à Merlin, en déchirant un papier.* – Tu te tais donc, fourbe ! Tiens, voilà le cas que je fais du plan de ta comédie, tu mériterais d'être traité de même.

MERLIN. – Mais, mes enfants, gagnons d'abord notre argent, et puis nous finirons nos débats.

COLETTE. – C'est bian dit ; je nous querellerons après[2], c'est la même chose.

LISETTE. – Taisez-vous, petite impertinente.

COLETTE. – Cette jalouse, comme est malapprise !

MERLIN. – Paix-là donc, paix !

COLETTE. – Suis-je cause que je vaux mieux qu'elle ?

LISETTE. – Que cette petite paysanne-là ne m'échauffe pas les oreilles !

COLETTE. – Mais, voyez, je vous prie, cette glorieuse[3], avec sa face de chambrière[4] !

MERLIN. – Le bruit que vous faites va amasser[5] tout le monde ici, et voilà déjà Madame Argante qui accourt, je pense.

LISETTE, *s'en allant.* – Adieu, fourbe.

MERLIN. – L'épithète de folle m'acquittera, s'il te plaît, de celle de fourbe.

BLAISE. – Je m'en vais itou[6] me plaindre à un parent de la masque[7].

---

1. *Je nous plaisons tous deux* : nous nous plaisons. \ 2. *Je nous querellerons après* : nous nous disputerons après. \ 3. *Glorieuse* : orgueilleuse, vaniteuse, fière. \ 4. *Avec sa face de chambrière* : avec son allure de servante de petites gens ; appellation péjorative qui dévalorise la suivante. \ 5. *Amasser* : faire venir, attirer. \ 6. *Itou* : aussi. \ 7. *Masque* : injure généralement adressée aux femmes laides, vieilles ou de statut social médiocre, et qui les peint sous des traits trompeurs, méchants.

COLETTE. – Je nous varrons tantôt, Monsieur Merlin, n'est-ce pas ?

MERLIN. – Oui, Colette, et cela va à merveille ; ces gens-là nous aiment, mais continuons encore de feindre.

COLETTE. – Tant que vous voudrais ; il n'y a pas de danger, pisqu'ils nous aimont[1] tant.

1. *Aimont* : aimons (terminaison paysanne fautive).

Scène 6

MADAME ARGANTE, ÉRASTE, MERLIN, ANGÉLIQUE

MADAME ARGANTE. – Qu'est-ce que c'est donc que le bruit que j'entends ? Avec qui criais-tu tout à l'heure ?

MERLIN. – Rien, c'est Blaise et Colette qui sortent d'ici avec Lisette, Madame.

MADAME ARGANTE. – Eh bien ! est-ce qu'ils avaient querelle ensemble ? Je veux savoir ce que c'est.

MERLIN. – C'est qu'il s'agissait d'un petit dessein que... nous avions, d'une petite idée qui nous était venue, et nous avons de la peine à faire un ensemble qui s'accorde. *(Et montrant Éraste.)* Monsieur vous dira ce que c'est.

ÉRASTE. – Madame, il est question d'une bagatelle que vous saurez tantôt.

MADAME ARGANTE. – Pourquoi m'en faire mystère à présent ?

ÉRASTE. – Puisqu'il faut vous le dire, c'est une petite pièce dont il est question.

MADAME ARGANTE. – Une pièce de quoi ?

MERLIN. – C'est, Madame, une comédie, et nous vous ménagions le plaisir de la surprise.

ANGÉLIQUE. – Et moi, j'avais promis à Madame Amelin et à Éraste de ne vous en point parler, ma mère.

MADAME ARGANTE. – Une comédie !

MERLIN. – Oui, une comédie dont je suis l'auteur ; cela promet.

MADAME ARGANTE. – Et pourquoi s'y battre ?

MERLIN. – On ne s'y bat pas, Madame ; la bataille que vous avez entendue n'était qu'un entracte ; mes acteurs se sont brouillés dans l'intervalle de l'action ; c'est la discorde qui est entrée dans la troupe ; il n'y a rien là que de fort ordinaire. Ils voulaient sauter du brodequin au cothurne [1], et je vais tâcher de les ramener à des dispositions moins tragiques.

MADAME ARGANTE. – Non, laissons là tes dispositions moins tragiques, et supprimons ce divertissement-là. Éraste, vous n'y avez pas songé : la comédie chez une femme de mon âge, cela serait ridicule.

ÉRASTE. – C'est la chose du monde la plus innocente, Madame, et d'ailleurs Madame Amelin se faisait une joie de la voir exécuter.

MERLIN. – C'est elle qui nous paye pour la mettre en état ; et moi, qui vous parle, j'ai déjà reçu des arrhes ; ma marchandise est vendue, il faut que je la livre ; et vous ne sauriez, en conscience, rompre un marché conclu, Madame. Il faudrait que je restituasse, et j'ai pris des arrangements qui ne me le permettent plus.

MADAME ARGANTE. – Ne te mets point en peine ; je vous dédommagerai, vous autres.

MERLIN. – Sans compter douze sous qu'il m'en coûte pour un moucheur de chandelles [2] que j'ai arrêté ; trois bouteilles de vin que j'ai avancées aux ménétriers [3] du village pour former mon orchestre ; quatre que j'ai donné parole de boire avec eux immédiatement après la représentation ; une demi-main de

1. *Sauter du brodequin au cothurne* : ces deux types de chaussures symbolisent la comédie (le brodequin) et la tragédie (le cothurne). \ 2. *Moucheur de chandelles* : personne qui nettoie les chandelles éclairant la scène, pour les empêcher de s'éteindre durant le spectacle, et qui les souffle à la fin de la représentation. \ 3. *Ménétrier* : violoniste qui, dans les villages, escortait les noces et animait les fêtes.

papier[1] que j'ai barbouillée pour mettre mon canevas bien au net...

MADAME ARGANTE. – Tu n'y perdras rien, te dis-je. Voici Madame Amelin, et vous allez voir qu'elle sera de mon avis.

1. *Une main de papier* : assemblage de vingt-cinq feuilles de papier ; une rame est composée de vingt mains. Le papier étant cher à l'époque, douze ou treize feuilles *(une demi-main)* correspondent à une dépense conséquente.

Scène 7

MADAME AMELIN, MADAME ARGANTE, ANGÉLIQUE, ÉRASTE, MERLIN

MADAME ARGANTE, *à Madame Amelin.* – Vous ne devineriez pas, Madame, ce que ces jeunes gens nous préparaient ? Une comédie de la façon de Monsieur Merlin. Ils m'ont dit que vous le savez, mais je suis bien sûre que non.

MADAME AMELIN. – C'est moi à qui l'idée en est venue.

MADAME ARGANTE. – À vous, Madame !

MADAME AMELIN. – Oui, vous saurez que j'aime à rire, et vous verrez que cela nous divertira ; mais j'avais expressément défendu qu'on vous le dît.

MADAME ARGANTE. – Je l'ai appris par le bruit qu'on faisait dans cette salle ; mais j'ai une grâce à vous demander, Madame ; c'est que vous ayez la bonté d'abandonner le projet, à cause de moi, dont l'âge et le caractère...

MADAME AMELIN. – Ah ! voilà qui est fini, Madame ; ne vous alarmez point ; c'en est fait, il n'en est plus question.

MADAME ARGANTE. – Je vous en rends mille grâces, et je vous avoue que j'en craignais l'exécution.

MADAME AMELIN. – Je suis fâchée de l'inquiétude que vous en avez prise.

MADAME ARGANTE. – Je vais rejoindre la compagnie avec ma fille ; n'y venez-vous pas ?

MADAME AMELIN. – Dans un moment.

ANGÉLIQUE, *à part à Madame Argante.* – Madame Amelin n'est pas contente, ma mère.

MADAME ARGANTE, *à part à Angélique.* – Taisez-vous *(À Madame Amelin.)* Adieu Madame ; venez donc nous retrouver.

MADAME AMELIN, *à Éraste.* – Oui, oui. Mon neveu, quand vous aurez mené Madame Argante, venez me parler.

ÉRASTE. – Sur-le-champ, Madame.

MERLIN. – J'en serai donc réduit à l'impression, quel dommage !

Angélique et Merlin sortent avec Madame Argante.

Scène 8

MADAME AMELIN, ARAMINTE

MADAME AMELIN, *un moment seule.* – Vous avez pourtant beau dire, Madame Argante ; j'ai voulu rire, et je rirai.

ARAMINTE. – Eh bien, ma chère ! où en est notre comédie ? Va-t-on la jouer ?

MADAME AMELIN. – Non, Madame Argante veut qu'on rende l'argent à la porte [1].

ARAMINTE. – Comment ! elle s'oppose à ce qu'on la joue ?

MADAME AMELIN. – Sans doute : on la jouera pourtant, ou celle-ci, ou une autre. Tout ce qui arrivera de ceci, c'est qu'au lieu de la lui donner, il faudra qu'elle me la donne, et qu'elle la joue, qui pis est, et je vous prie de m'y aider.

ARAMINTE. – Il sera curieux de la voir monter sur le théâtre ! Quant à moi, je ne suis bonne qu'à me tenir dans ma loge.

MADAME AMELIN. – Écoutez-moi ; je vais feindre d'être si rebutée du peu de complaisance qu'on a pour moi, que je paraîtrai renoncer au mariage de mon neveu avec Angélique.

ARAMINTE. – Votre neveu est, en effet, un si grand parti pour elle...

MADAME AMELIN, *en riant.* – Que la mère n'avait osé espérer que je consentisse ; jugez de la peur qu'elle aura, et des démarches qu'elle va faire. Jouera-t-elle bien son rôle ?

ARAMINTE. – Oh ! d'après nature.

1. *Qu'on rende l'argent à la porte* : qu'on rembourse les spectateurs, ce que, lors de l'annulation d'un spectacle, l'on faisait à la porte même du théâtre.

Madame Amelin, *riant*. – Mon neveu et sa maîtresse seront-ils, de leur côté, de bons acteurs, à votre avis ? Car ils ne sauront pas que je me divertis, non plus que le reste des acteurs.

Araminte. – Cela sera plaisant, mais il n'y a que mon rôle qui m'embarrasse : à quoi puis-je vous être bonne ?

Madame Amelin. – Vous avez trois fois plus de bien qu'Angélique : vous êtes veuve, et encore jeune. Vous m'avez fait confidence de votre inclination pour mon neveu, tout est dit. Vous n'avez qu'à vous conformer à ce que je vais faire : voici mon neveu, et c'est ici la première scène, êtes-vous prête ?

Araminte. – Oui.

Scène 9

MADAME AMELIN, ARAMINTE, ÉRASTE

ÉRASTE. – Vous m'avez ordonné de revenir ; que me voulez-vous, Madame ? la compagnie vous attend.

MADAME AMELIN. – Qu'elle m'attende, mon neveu ; je ne suis pas près de la rejoindre.

ÉRASTE. – Vous me paraissez bien sérieuse, Madame, de quoi s'agit-il ?

MADAME AMELIN, *montrant Araminte*. – Éraste, que pensez-vous de Madame ?

ÉRASTE. – Moi ? ce que tout le monde en pense ; que Madame est fort aimable [1].

ARAMINTE. – La réponse est flatteuse.

ÉRASTE. – Elle est toute simple.

MADAME AMELIN. – Mon neveu, son cœur et sa main, joints à trente mille livres de rente [2], ne valent-ils pas bien qu'on s'attache à elle ?

ÉRASTE. – Y a-t-il quelqu'un à qui il soit besoin de persuader cette vérité-là ?

MADAME AMELIN. – Je suis charmée de vous en voir si persuadé vous-même.

ÉRASTE. – À propos de quoi en êtes-vous si charmée, Madame ?

MADAME AMELIN. – C'est que je trouve à propos de vous marier avec elle.

---

1. *Aimable* : digne d'être aimée. \2. Trente mille livres représentent une somme coquette.

Éraste. – Moi, ma tante ? vous plaisantez, et je suis sûr que Madame ne serait pas de cet avis-là.

Madame Amelin. – C'est pourtant elle qui me le propose.

Éraste, *surpris*. – De m'épouser ! vous, Madame !

Araminte. – Pourquoi non, Éraste ? cela me paraîtrait assez convenable ; qu'en dites-vous ?

Madame Amelin. – Ce qu'il en dit ? En êtes-vous en peine ?

Araminte. – Il ne répond pourtant rien.

Madame Amelin. – C'est d'étonnement et de joie, n'est-ce pas, mon neveu ?

Éraste. – Madame…

Madame Amelin. – Quoi ?

Éraste. – On n'épouse pas deux femmes.

Madame Amelin. – Où en prenez-vous deux ? on ne vous parle que de Madame.

Araminte. – Et vous aurez la bonté de n'épouser que moi non plus [1], assurément.

Éraste. – Vous méritez un cœur tout entier, Madame ; et vous savez que j'adore Angélique, qu'il m'est impossible d'aimer ailleurs [2].

Araminte. – Impossible, Éraste, impossible ! Oh ! puisque vous le prenez sur ce ton-là, vous m'aimerez, s'il vous plaît.

Éraste. – Je ne m'y attends pas, Madame.

Araminte. – Vous m'aimerez, vous dis-je ; on m'a promis votre cœur, et je prétends qu'on me le tienne ; je crois que d'en donner deux cent mille écus [3], c'est le payer tout ce qu'il vaut, et qu'il y en a peu de ce prix-là.

Éraste. – Angélique l'estimerait davantage.

Madame Amelin. – Qu'elle l'estime ce qu'elle voudra, j'ai

1. *De n'épouser que moi non plus* : de n'épouser que moi [et] pas plus. \ **2.** *Ailleurs* : une autre femme. \ **3.** Somme considérable à l'époque.

garanti que Madame l'aurait ; il faut qu'elle l'ait, et que vous dégagiez ma parole.

ÉRASTE. – Ah ! Madame, voulez-vous me désespérer ?

ARAMINTE. – Comment donc : vous désespérer ?

MADAME AMELIN. – Laissez-le dire. Courage, mon neveu, courage !

ÉRASTE. – Juste ciel !

Scène 10

MADAME AMELIN, ARAMINTE,
MADAME ARGANTE, ANGÉLIQUE, ÉRASTE

MADAME ARGANTE. – Je viens vous chercher, Madame, puisque vous ne venez pas ; mais que vois-je ? Éraste soupire ! ses yeux sont mouillés de larmes ! il paraît désolé ! Que lui est-il donc arrivé ?

MADAME AMELIN. – Rien que de fort heureux, quand il sera raisonnable ; au reste, Madame, j'allais vous informer que nous sommes sur notre départ, Araminte, mon neveu et moi. N'auriez-vous rien à mander[1] à Paris ?

MADAME ARGANTE. – À Paris ! Quoi ! est-ce que vous y allez, Madame ?

MADAME AMELIN. – Dans une heure.

MADAME ARGANTE. – Vous plaisantez, Madame ; et ce mariage ?...

MADAME AMELIN. – Je pense que le mieux est de le laisser là ; le dégoût que vous avez marqué pour ce petit divertissement qui me flattait[2], m'a fait faire quelques réflexions. Vous êtes trop sérieuse pour moi. J'aime la joie innocente ; elle vous déplaît. Notre projet était de demeurer ensemble ; nous pourrions ne nous pas convenir ; n'allons pas plus loin.

MADAME ARGANTE. – Comment ! une comédie de moins romprait un mariage, Madame ? Eh ! qu'on la joue, Madame ;

1. *Mander* : faire parvenir. \2. *Flattait* : faisait plaisir.

qu'à cela ne tienne ; et si ce n'est pas assez, qu'on y joigne l'opéra, la foire, les marionnettes, et tout ce qu'il vous plaira, jusqu'aux parades [1].

MADAME AMELIN. – Non, le parti que je prends vous dispense de cet embarras-là. Nous n'en serons pas moins bonnes amies, s'il vous plaît ; mais je viens de m'engager avec Araminte, et d'arrêter que mon neveu l'épousera.

MADAME ARGANTE. – Araminte à votre neveu, Madame ! Votre neveu épouser Araminte ! Quoi ! ce jeune homme !...

ARAMINTE. – Que voulez-vous ? Je suis à marier aussi bien qu'Angélique.

ANGÉLIQUE, *tristement*. – Éraste y consent-il ?

ÉRASTE. – Vous voyez mon trouble ; je ne sais plus où j'en suis.

ANGÉLIQUE. – Est-ce là tout ce que vous répondez ? Emmenez-moi, ma mère, retirons-nous ; tout nous trahit.

ÉRASTE. – Moi, vous trahir, Angélique ! moi, qui ne vis que pour vous !

MADAME AMELIN. – Y songez-vous, mon neveu, de parler d'amour à une autre, en présence de Madame que je vous destine ?

MADAME ARGANTE, *fortement*. – Mais en vérité, tout ceci n'est qu'un rêve.

MADAME AMELIN. – Nous sommes tous bien éveillés, je pense.

MADAME ARGANTE. – Mais, tant pis, Madame, tant pis ! Il n'y a qu'un rêve qui puisse rendre ceci pardonnable, absolument qu'un rêve, que la représentation de votre misérable comédie va dissiper. Allons vite, qu'on s'y prépare ! On dit que la pièce est un impromptu ; je veux y jouer moi-même ; qu'on tâche

1. *Parades* : défilés organisés dans les rues, soit avant le spectacle pour le présenter, soit après la représentation pour la clore de manière amusante, où les acteurs s'amusent, grimacent, se livrent à des mouvements gymniques ou dansent, accompagnés parfois de musique et souvent de chants. Sans doute s'agit-il d'un lointain écho des cortèges qui accompagnaient les comédies dans la Grèce antique.

de m'y ménager un rôle ; jouons-y tous, et vous aussi, ma fille.

ANGÉLIQUE. – Laissons-les, ma mère ; voilà tout ce qu'il nous reste.

MADAME ARGANTE. – Je ne serai pas une grande actrice, mais je n'en serai que plus réjouissante.

MADAME AMELIN. – Vous joueriez à merveille, Madame, et votre vivacité en est une preuve ; mais je ferais scrupule d'abaisser votre gravité jusque-là.

MADAME ARGANTE. – Que cela ne vous inquiète pas. C'est Merlin qui est l'auteur de la pièce ; je le vois qui passe ; je vais la lui recommander[1] moi-même. Merlin ! Merlin ! approchez.

MADAME AMELIN. – Eh ! non, Madame, je vous prie.

ÉRASTE, *à Madame Amelin*. – Souffrez[2] qu'on la joue, Madame ; voulez-vous qu'une comédie décide de mon sort, et que ma vie dépende de deux ou trois dialogues ?

MADAME ARGANTE. – Non, non, elle n'en dépendra pas.

---

1. *La lui recommander* : lui demander de nous la proposer à nouveau. \2. *Souffrez* : acceptez, permettez.

Scène 11

MADAME AMELIN, ARAMINTE,
MADAME ARGANTE, ÉRASTE, ANGÉLIQUE, MERLIN

MADAME ARGANTE *continue.* – La comédie que vous nous destinez est-elle bientôt prête ?

MERLIN. – J'ai rassemblé tous nos acteurs ; ils sont là, et nous allons achever de la répéter, si l'on veut.

MADAME ARGANTE. – Qu'ils entrent.

MADAME AMELIN. – En vérité, cela est inutile.

MADAME ARGANTE. – Point du tout, Madame.

ARAMINTE. – Je ne présume pas, quoi que l'on fasse, que Madame veuille rompre l'engagement qu'elle a pris avec moi ; la comédie se jouera quand on voudra, mais Éraste m'épousera, s'il vous plaît.

MADAME ARGANTE. – Vous, Madame ? Avec vos quarante ans ! il n'en sera rien, s'il vous plaît vous-même, et je vous le dis tout franc, vous avez là un très mauvais procédé, Madame ; vous êtes de nos amis, nous vous invitons au mariage de ma fille, et vous prétendez en faire le vôtre et lui enlever son mari, malgré toute la répugnance qu'il en a lui-même ; car il vous refuse, et vous sentez bien qu'il ne gagnerait pas au change ; en vérité, vous n'êtes pas concevable : à quarante ans lutter contre vingt ! Vous rêvez, Madame. Allons Merlin, qu'on achève.

Scène 12

Tous les acteurs

MADAME ARGANTE *continue.* – J'ajoute dix pistoles[1] à ce qu'on vous a promis, pour vous exciter à bien faire. Asseyons-nous, Madame, et écoutons.

MADAME AMELIN. – Écoutons donc, puisque vous le voulez.

MERLIN. – Avance, Blaise ; reprenons où nous en étions. Tu te plaignais de ce que j'aime Colette ; et c'est, dis-tu, Lisette qui te l'a appris ?

BLAISE. – Bon ! qu'est-ce que vous voulez que je dise davantage ?

MADAME ARGANTE. – Vous plaît-il de continuer, Blaise ?

BLAISE. – Non ; noute[2] mère m'a défendu de monter sur le thiâtre.

MADAME ARGANTE. – Et moi, je lui défends de vous en empêcher : je vous sers de mère ici, c'est moi qui suis la vôtre.

BLAISE. – Et au par-dessus[3], on se raille de ma parsonne dans ce peste de jeu-là, noute maîtresse ; Colette y fait semblant d'avoir le cœur tendre pour Monsieur Merlin, Monsieur Merlin de li céder le sien ; et maugré[4] la comédie, tout ça est vrai, noute maîtresse ; car ils font semblant de faire semblant, rien que pour nous en revendre[5], et ils ont tous deux la malice de s'aimer tout de bon en dépit de Lisette qui n'en

---

1. *Pistoles* : voir ci-dessus, note 5, p. 22. \ **2.** *Noute* : nôtre, forme paysanne remplaçant *ma*. \ **3.** *Au par-dessus* : tour aujourd'hui disparu, qui signifie « et par-dessus tout cela, et en outre, et de plus » \ **4.** *Maugré* : malgré (même si c'est de la comédie, les faits sont vrais). \ **5.** *Nous en revendre* : nous tromper.

tâtera que d'une dent[1], et en dépit de moi qui sis pourtant retenu pour gendre de mon biau-père.

Les dames rient.

MADAME ARGANTE. – Eh ! le butor ! on a bien affaire de vos bêtises. Et vous, Merlin, de quoi vous avisez-vous d'aller faire une vérité d'une bouffonnerie ? Laissez-lui sa Colette, et mettez-lui l'esprit en repos.

COLETTE. – Oui, mais je ne veux pas qu'il me laisse, moi ; je veux qu'il me garde.

MADAME ARGANTE. – Qu'est-ce que cela signifie, petite fille ? Retirez-vous, puisque vous n'êtes pas de cette scène-ci ; vous paraîtrez quand il sera temps ; continuez, vous autres.

MERLIN. – Allons, Blaise, tu me reproches que j'aime Colette ?

BLAISE. – Eh ! morguié[2], est-ce que ça n'est pas vrai ?

MERLIN. – Que veux-tu, mon enfant ? elle est si jolie, que je n'ai pu m'en empêcher.

BLAISE, *à Madame Argante*. – Eh bian ! Madame Argante velà-t-il pas qu'il le confesse li-même ?

MADAME ARGANTE. – Qu'est-ce que cela te fait, dès que ce n'est qu'une comédie ?

BLAISE. – Je m'embarrasse, morguié ! bian de la farce ; qu'alle aille au guiable[3], et tout le monde avec !

MERLIN. – Encore !

MADAME ARGANTE. – Quoi ! on ne parviendra pas à vous faire continuer ?

MADAME AMELIN. – Eh ! Madame, laissez là ce pauvre garçon : vous voyez bien que le dialogue n'est pas son fort.

1. *Qui n'en tâtera que d'une dent* : qui n'aura rien du tout, qui n'épousera pas Merlin. \2. Voir ci-dessus, note 2, p. 16. \3. *Qu'alle aille au guiable* : qu'elle aille au diable !

MADAME ARGANTE. – Son fort ou son faible, Madame, je veux qu'il réponde ce qu'il sait, et comme il pourra.

COLETTE. – Il braira tant qu'on voudra, mais c'est là tout [1].

BLAISE. – Eh ! pardi ! faut bian braire, quand on en a sujet.

LISETTE. – À quoi sert tout ce que vous faites là, Madame ? Quand on achèverait cette scène-ci, vous n'avez pas l'autre ; car c'est moi qui dois la jouer, et je n'en ferai rien.

MADAME ARGANTE. – Oh ! vous la jouerez, je vous assure.

LISETTE. – Ah ! nous verrons si on me fera jouer la comédie malgré moi.

1. *Braiera* : criera ; l'allusion à la sottise de Blaise est ici rapprochée de celle de l'âne (qui brait).

Scène 13

Tous les acteurs de la scène précédente,
et LE NOTAIRE *qui arrive*

LE NOTAIRE, *s'adressant à Madame Amelin.* – Voilà, Madame, le contrat que vous m'avez demandé ; on y a exactement suivi vos intentions.

MADAME AMELIN, *à Araminte, bas.* – Faites comme si c'était le vôtre. *(À Madame Argante.)* Ne voulez-vous pas bien honorer ce contrat-là de votre signature, Madame ?

MADAME ARGANTE. – Et pour qui est-il donc, Madame ?

ARAMINTE. – C'est celui d'Éraste et le mien.

MADAME ARGANTE. – Moi ! signer votre contrat, Madame, ah ! je n'aurai pas cet honneur-là, et vous aurez, s'il vous plaît, la bonté d'aller vous-même le signer ailleurs. *(Au notaire.)* Remportez, remportez cela, Monsieur. *(À Madame Amelin.)* Vous n'y songez pas, Madame ; on n'a point ces procédés-là ; jamais on n'en vit de pareils.

MADAME AMELIN. – Il m'a paru que je ne pouvais marier mon neveu, chez vous, sans vous faire cette honnêteté-là [1], Madame, et je ne quitterai point que vous n'ayez signé, qui pis est ; car vous signerez.

MADAME ARGANTE. – Oh ! il n'en sera rien ; car je m'en vais.

MADAME AMELIN, *l'empêchant.* – Vous resterez, s'il vous plaît ; le contrat ne saurait se passer de vous. *(À Araminte.)*

1. *Honnêteté* : politesse, marque de respect et d'obligeance.

Aidez-moi, Madame ; empêchons Madame Argante de sortir.

ARAMINTE. – Tenez ferme, je ne plierai point non plus.

MADAME ARGANTE. – Où en sommes-nous donc, Mesdames ? Ne suis-je pas chez moi ?

ÉRASTE, *à Madame Amelin.* – Eh ! à quoi pensez-vous, Madame ? Je mourrais moi-même plutôt que de signer.

MADAME AMELIN. – Vous signerez tout à l'heure, et nous signerons tous.

MADAME ARGANTE. – Apparemment que Madame se donne ici la comédie, au défaut de celle qui lui a manqué.

MADAME AMELIN, *riant.* – Ah ! ah ! ah ! Vous avez raison ; je ne veux rien perdre.

LE NOTAIRE. – Accommodez-vous[1] donc, Mesdames ; car d'autres affaires m'appellent ailleurs. Au reste, suivant toute apparence, ce contrat est à présent inutile, et n'est plus conforme à vos intentions, puisque c'est celui qu'on a dressé hier, et qu'il est au nom de Monsieur Éraste et de Mademoiselle Angélique.

MADAME AMELIN. – Est-il vrai ? Oh ! sur ce pied-là, ce n'est pas la peine de le refaire ; il faut le signer comme il est.

ÉRASTE. – Qu'entends-je ?

MADAME ARGANTE. – Ah ! ah ! j'ai donc deviné ; vous vous donniez la comédie, et je suis prise pour dupe ; signons donc. Vous êtes toutes deux de méchantes personnes.

ÉRASTE. – Ah ! je respire.

ANGÉLIQUE. – Qui l'aurait cru ? Il n'y a plus qu'à rire.

ARAMINTE, *à Madame Argante.* – Vous ne m'aimerez jamais tant que vous m'avez haïe ; mais mes quarante ans me restent sur le cœur ; je n'en ai pourtant que trente-neuf et demi.

1. *Accommodez-vous* : mettez-vous d'accord.

MADAME ARGANTE. – Je vous en aurais donné cent dans ma colère ; et je vous conseille de vous plaindre, après la scène que je viens de vous donner !

MADAME AMELIN. – Et le tout sans préjudice de la pièce de Merlin.

MADAME ARGANTE. – Oh ! je ne vous le disputerai plus, je n'en fais que rire ; je soufflerai volontiers les acteurs [1], si l'on me fâche encore.

LISETTE. – Vous voilà raccommodés ; mais nous…

MERLIN. – Ma foi, veux-tu que je te dise ? Nous nous régalions nous-mêmes dans ma parade [2] pour jouir de toutes vos tendresses.

COLETTE. – Blaise, la tienne est de bon acabit [3] ; j'en suis bien contente.

BLAISE, *sautant*. – Tout de bon ? baille-moi donc une petite franchise [4] pour ma peine.

LISETTE. – Pour moi, je t'aime toujours ; mais tu me le paieras, car je ne t'épouserai de six mois.

MERLIN. – Oh ! Je me fâcherai aussi, moi.

MADAME ARGANTE. – Va, va, abrège le terme, et le réduis à deux heures de temps. Allons terminer.

---

1. *Je soufflerai volontiers les acteurs* : je pourrai même souffler leurs répliques aux acteurs, je ne m'opposerai plus à la représentation. \2. *Parade* : ici, le défilé final, la présentation des acteurs et leur salut. \3. *De bon acabit* : de bonne qualité. \4. *Franchise* : au sens vieilli de liberté ; ce que Blaise demande à Colette, c'est un geste d'affection.

DOSSIER

LIRE L'ŒUVRE

QUESTIONNAIRE DE LECTURE

LE TITRE ET LA LISTE DES PERSONNAGES

1. La pièce est intitulée *Les Acteurs de bonne foi*. Que pouvez-vous donc en déduire sur son contenu ? Quelles sont les différentes pistes de lecture qui s'ouvrent devant vous ?

Pour répondre
Demandez-vous quel est le sens des mots « bonne foi » et si le fait que l'action soit indiquée d'emblée permet au spectateur de deviner l'intrigue elle-même.

2. Quel arrière-plan le lecteur attend-il à la lecture de la liste des personnages ? Quelle est l'importance des noms choisis ? Qu'indiquent-ils ?

Pour répondre
Relevez les différents noms proposés et analysez les relations qui unissent ou opposent les personnages.

UNE COMÉDIE EN UN ACTE

Le temps

3. À quel moment la pièce débute-t-elle ? Quelles sont les indications données pour situer l'action ? Quand la pièce s'achève-t-elle ? À quelle durée l'action correspond-elle ?

Pour répondre
Observez les événements qui encadrent le déroulement de l'intrigue. Relevez les précisions apportées par les personnages dans leurs discours.

Le lieu

4. Où l'action se déroule-t-elle ? Quelle est l'importance du lieu dans l'évolution de la pièce ?

Pour répondre
Le fait qu'il s'agisse d'une maison de campagne, d'un lieu clos, assez isolé du reste du monde, est essentiel. Rappelez-vous que de tels endroits permettent généralement la mise en place de structures particulières ; ils sont donc particulièrement appropriés aux expériences, aux jeux de toutes sortes.

L'action

5. Quelle est l'intrigue principale de la pièce ? Quelles en sont les différents niveaux ? Combien de « pièces » les « acteurs » jouent-ils ?

Pour répondre

Rappelez-vous que toute pièce, au XVIIIe siècle, est encore fondée sur l'unité d'action. Toute l'intrigue repose sur un seul fil conducteur, les autres événements ou discours présentés devant être subordonnés et étroitement liés à cette ligne directrice. Notez ici l'originalité des imbrications.

Les éléments comiques

6. Les personnages de paysans naïfs sont généralement liés au rire. Vous semblent-ils, ici, être les seules sources du comique ? Quels sont les principaux moyens utilisés pour faire rire ? Caractérisez-les.

Pour répondre

Songez que « comique » ne signifie pas nécessairement rire ou amusement permanent. Mobilisez vos connaissances sur le registre et analysez les moments où la parodie apparaît. Interrogez-vous notamment sur les jeux de mots, les prononciations et les fautes de français, comme sur la fin heureuse.

LA STRUCTURE

7. À quel moment l'exposition commence-t-elle ? quand finit-elle ? Combien la pièce contient-elle de scènes ? Comment peut-on justifier ce choix ?

Pour répondre

L'exposition est l'ouverture, le début de la pièce. Pour que le public puisse suivre les événements et entrer dans l'intrigue, il faut lui présenter les personnages, situer le lieu et le moment de l'action, en indiquer les principales composantes. Cet exposé doit ici être très bref, puisque la pièce ne comporte qu'un acte, découpé en treize scènes. Demandez-vous ce qui peut justifier cette brièveté.

8. Quelles sont les différentes étapes de l'intrigue ? À quelles scènes correspondent-elles ? Quel est le principe organisateur de l'action ?

Pour répondre

Notez les divers thèmes abordés dans chacune des scènes puis groupez celles qui correspondent à des moments particuliers de l'évolution des personnages et, donc, de l'action. Le principe qui régit l'organisation de la pièce est à mettre en relation avec la volonté de donner une « leçon » morale et d'accéder à la « vérité des cœurs ».

9. Analysez le dénouement : quand commence-t-il ? Quelle en est la portée ? Vous paraît-il comique ? En quoi ?

Pour répondre
Le dénouement d'une comédie doit régler le sort des différents personnages et mettre un terme à l'action. Il faut donc étudier la valeur « rectificatrice » de la fin : en quoi s'inscrit-elle dans la volonté de « corriger les mœurs » habituellement attribuée aux pièces comiques ? Les dernières scènes apportent un retour à l'« ordre » puisque le mariage initialement prévu a finalement lieu. Demandez-vous quelle est la transformation intervenue, et cherchez à établir la portée réelle de ce dénouement.

GENRE ET REGISTRE

10. Relevez les principaux éléments comiques de la pièce. Quelle importance, ici, accorder au canevas et à l'impromptu ?

Pour répondre
Relevez les différentes composantes du comique dans la pièce (parodie des maîtres, jeux verbaux, gestes…) puis analysez les effets produits. Songez ensuite que la comédie est un registre qui s'inscrit dans une optique moralisatrice : elle doit, traditionnellement, « corriger les mœurs » en faisant rire et en riant (*castigat ridendo mores*). De plus, au XVIIIe siècle, elle est devenue un spectacle essentiellement ludique. Le théâtre n'est pas considéré comme un genre exclusivement littéraire mais aussi, et surtout, comme une représentation. En cela, l'influence du Théâtre-Italien est déterminante à l'époque de Marivaux : relevez-en quelques signes dans la pièce.

11. Les personnages de la pièce sont-ils tous également comiques ? Quelles différences pouvez-vous établir entre les maîtres et les valets ? Les actions sont-elles comiques ?

Pour répondre
Analysez les deux types de caractères présentés : d'un côté, les serviteurs, issus de la tradition de la comédie, dont le langage est à la fois plus simple et plus concret, parfois fortement marqué par des fautes de langage et dont les gestes peuvent être source de comique ; de l'autre, les maîtres, omnipotents et dont les paroles, abstraites et recherchées, parfois révélatrices de tensions profondes, masquent à peine la violence. Demandez-vous si toutes les actions accomplies sont susceptibles de provoquer le rire.

LES PERSONNAGES

12. Caractérisez le personnage de Blaise : à quelle classe sociale appartient-il ? Quelles sont ses principales caractéristiques psychologiques ?

Pour répondre
Songez que les paysans font toujours rire et que dans une comédie ils divertissent surtout par leur naïveté et leur habitude de prendre les mots et les apparences au pied de la lettre.

13. Étudiez le personnage d'Araminte : comment se révèle-t-elle ?

Pour répondre
Analysez son comportement à la lumière de sa déclaration à propos d'Éraste. Vous paraît-elle évoluer ? dans quelle mesure ? Attachez-vous à étudier sa manière de considérer les autres.

14. Caractérisez Merlin : le personnage vous paraît-il ingénieux ? Mène-t-il toujours le jeu ?

Pour répondre

Il faut étudier les sentiments et les actions du personnage dès l'ouverture de la pièce. Montrez qu'il est à l'origine des jeux imbriqués et des diverses comédies proposées.

15. Quelles sont les principales motivations des personnages dans la pièce ? Comment les duos se recomposent-ils lors du dénouement ? Constatez-vous une différence ?

Pour répondre

Analysez les actions des différents personnages et étudiez ce qui les justifie : quelle différence notable, concernant les trois couples, pouvez-vous relever ? Analysez notamment les deux dernières scènes.

PORTÉE DE LA PIÈCE

16. En quoi cette intrigue a-t-elle pu captiver les contemporains de Marivaux ? La pièce vous paraît-elle « peser des œufs de mouche dans des balances en toiles d'araignée », comme Voltaire reprochait à Marivaux de le faire ? Peut-elle encore nous concerner, au XXIe siècle ?

Pour répondre

Vous vous demanderez quel rôle peut jouer cette mise à l'épreuve des sentiments et des fidélités dans la société hiérarchisée de l'Ancien Régime, alors même que les mariages sont généralement « arrangés » et que les questions d'intérêt y sont essentielles. Notez, cependant, l'importance du retour à la « norme comique » du dénouement heureux qui réunit les jeunes gens sincères et interrogez-vous sur la portée de cette fin : s'agit-il d'une réflexion morale, d'une analyse « philosophique » du cœur humain ? Demandez-vous quelles raisons pourraient nous conduire à nous intéresser à une telle intrigue.

L'ŒUVRE
DANS L'HISTOIRE

UNE PRÉSENTATION AU PUBLIC EN PLUSIEURS ÉTAPES

Marivaux rédige *Les Acteurs de bonne foi* en 1748. Le 30 octobre 1748, il lit la pièce pour la première fois devant un public restreint, chez Jeanne-Françoise Quinault[1], dite « Quinault cadette ». Cette ancienne comédienne de la Comédie-Française réunit en effet chez elle des amis à qui elle offre des dîners accompagnés de spectacles variés (lanterne magique, pièces courtes, bal masqué, marionnettes[2]...). Marivaux y lit sans doute sa pièce pour distraire les convives[3]. Mais elle demeure encore un « secret[3] » et l'on ignore même si une représentation eut lieu chez Mme de Mirepoix. C'est seulement le 16 septembre 1755 qu'elle aurait été jouée pour la première fois au Théâtre-Français mais la date est surprenante puisque celui-ci faisait relâche ce jour-là, et, si elle fut effectivement représentée, elle dut connaître un échec certain... C'est ensuite dans *Le Conservateur* qu'elle est publiée en novembre 1757. Elle est alors précédée de quelques remarques qui insistent sur des points essentiels et, notamment, sur les circonstances de son envoi au journal : « Voici une petite comédie qui n'a jamais paru et dont nous ne connaissons pas l'auteur. » Pourtant, elle est bien de la main de l'écrivain puisque, lors de la parution de l'édition de ses *Œuvres de théâtre* chez Duchesne en 1758 puis en 1761, elle est associée à *Félicie* et à *L'Amante frivole* dans un « volume de petites pièces détachées » pour lequel Marivaux reçoit cinq cents livres.

---

1. Jeanne-Françoise Quinault-Dufresne est née à Strasbourg le 13 octobre 1699 et morte à Paris le 18 janvier 1783. \ **2.** Voir ci-dessus, p. 36, scène 10, lignes 22 à 24. \ **3.** Françoise de Graffigny, dans la lettre 173 publiée par English Showalter (Oxford, Vif) en 2001, en témoigne : « [Marivaux] nous lut après dîner une espèce de petite comédie qu'on lui a demandé pour le théâtre de Mme de Mirepoix. [...] C'est un valet qui veut faire jouer une comédie pour amuser dans une maison de campagne. Il prétend ne faire qu'un canevas, qui doit être exécuté par le garçon jardinier, une jeune paysanne, la femme de chambre et lui. » \ **3.** Mme de Graffigny le signale dans la même lettre : « N'en parle pas qu'elle ne soit jouée. C'est un secret. »

LA FRANCE EN 1757

UNE ANNÉE FERTILE EN AGITATIONS

L'année débute avec la tentative d'assassinat de Louis XV[1] (le 5 janvier) par le domestique Robert François Damiens[2] qui reproche au souverain d'oublier ses devoirs et de mener une politique trop réformatrice. Cet épisode révèle d'emblée les problèmes essentiels de la France : les difficultés financières ne se résorbent pas totalement et, même si l'épisode de la banqueroute de Law s'est estompé, les conflits ont réduit à néant les efforts de Fleury qui avait réussi à faire des économies et à rétablir un certain équilibre. En effet, la guerre de Succession de Pologne, celle de la Succession d'Autriche puis la guerre de Sept Ans ont grevé le fragile budget du pays. Si la situation générale s'améliore, la prospérité n'est pas encore entièrement revenue.

Les conflits religieux nuisent également à la stabilité du pays : les jésuites, que l'on accuse d'avoir influencé Damiens, sont l'objet de la lutte parlementaire gallicane, et la querelle du jansénisme divise les consciences. Les parlements[3] s'agitent et, fortement marqués par les idées des philosophes des Lumières, luttent contre la fiscalité royale et défendent les libertés publiques face à ce qu'ils considèrent comme du despotisme. La contestation est importante et atteint d'ailleurs son paroxysme à cette époque. En réalité, défendant surtout leurs privilèges contre les réformes royales, les parlements s'activent également sur le plan religieux et luttent, notamment, contre la Compagnie de Jésus[4]. Certains parlementaires, exilés ou disgraciés au printemps, sont rappelés au cours de l'été par le roi et l'année s'achève plus calmement.

UNE SOCIÉTÉ EN MOUVEMENT

La population, quant à elle, est satisfaite des accords qui ont mis fin aux différents conflits, préférant la paix, même désastreuse – puisqu'elle établit la suprématie anglaise et la fin des ambitions coloniales françaises –, à des luttes sanglantes et coûteuses.

---

1. Louis XV règne seul depuis 1743. \ **2.** Il sera écartelé en place de Grève le 28 mars. \ **3.** Ceux de province rejoignent dans ce combat celui de Paris dès le mois de mai. \ **4.** La Compagnie sera finalement supprimée en France en 1764 (et définitivement en 1773 par le pape Clément XIV).

Le commerce se développe. Royaume d'Europe le plus peuplé, la France est toujours un pays essentiellement rural (85 % de la population vit à la campagne). Les riches propriétaires investissent dans leurs exploitations, et si la productivité n'est pas exceptionnelle, les paysans demeurent dans leurs villages et les ruraux s'enrichissent. La chaleur et la sécheresse du printemps et de l'été 1757 ont permis de moissonner et de vendanger de manière précoce et d'assurer une certaine abondance alimentaire.

Nombreux sont ceux qui, depuis le début du règne de Louis XV, espèrent s'enrichir, et le commerce maritime continue à être favorisé. Les villes se développent, les grands ports prospèrent grâce au commerce, colonial surtout. La Compagnie française des Indes (créée en 1719 par Law et reconstituée en 1722), notamment, fait de bonnes affaires grâce à Dupleix et à La Bourdonnais, exploite les possessions françaises en Inde, et commerce au Sénégal, en Guinée, aux îles Bourbon et de France.

La mortalité recule : les épidémies et les famines cessent, la médecine progresse, la natalité augmente. Les sociétés commerciales font de gros bénéfices. Les industries se multiplient, la plus célèbre usine textile, la manufacture de toile de Jouy-en-Josas, est créée en 1757, précisément, par l'industriel bavarois Oberkampf. Les constructions de bâtiments grandioses témoignent d'une vitalité financière et culturelle : le second étage de la colonnade du Louvre est mis en chantier et sera achevé en 1758 par Soufflot qui dessine également les plans du futur Panthéon (qui, à ce moment-là, n'est encore que le projet de l'église Sainte-Geneviève).

La classe bourgeoise devient donc plus ambitieuse qu'au début du siècle. Ses succès économiques lui ouvrent un plus grand accès à la culture, les salons se multiplient ; les riches désirent peu à peu voir leurs mérites reconnus. Ils fréquentent davantage les salons mondains, comme celui de la « Quinault cadette », qui sont devenus moins littéraires que philosophiques. La noblesse aussi les fréquente : le duc d'Orléans, le marquis de Livry, par exemple, y côtoient des hommes de lettres comme Crébillon fils, Voltaire, d'Alembert ou Marivaux.

Toutefois, trop éloignés des préoccupations économiques, les nobles perdent de leur prestige. Les bourgeois, eux, actifs et travailleurs, s'enrichissent et reçoivent des titres nobiliaires en acquérant des charges, en mariant leurs filles à des seigneurs désargentés ou en achetant des terres. Au plan social, la fortune est un critère essentiel de discrimination. Les bourgeois ont des revenus importants, ils ont plus d'employés et de domestiques que les nobles. Le rapprochement de la noblesse et de la bourgeoisie fortunée ne cesse de se développer, leurs échanges créant une véritable effervescence culturelle.

UNE PÉRIODE D'EFFERVESCENCE CULTURELLE

Le goût pour les plaisirs apparu sous la Régence, en réaction contre l'austérité et le rigorisme de la fin du règne de Louis XIV, s'accroît et l'on s'intéresse toujours davantage aux produits de luxe, à l'exotisme, aux infidélités amoureuses, et aux intrigues théâtrales qui les mettent en scène.

Le libertinage des mœurs se poursuit. Le libertin de la Régence souhaitait avant tout s'épanouir et s'étourdir dans une fête permanente. Les Français de 1757 recherchent aussi la légèreté. L'inconstance amoureuse, les jeux d'illusions, les mises en abyme qui permettent de réfléchir sur la nature humaine passionnent le public. Les romans participent toujours à cette évolution, contant les infidélités, étudiant la naissance, la croissance puis la mort des passions (Marivaux lui-même s'est attaché à dépeindre *La Vie de Marianne* en 1731 et les émois de son héroïne).

La contestation concerne tous les domaines. La notion d'individu, la recherche permanente de son épanouissement conduisent chacun à vouloir penser par lui-même, à refuser toute contrainte extérieure dont il ne perçoit pas l'utilité ou la nécessité. Mais l'influence grandissante des philosophes pousse également à s'interroger sur la politique, sur les définitions de l'homme, de ses droits…

Les événements militaires en Amérique du Nord, les succès du général Montcalm qui contrôle la vallée de l'Hudson (en août 1757) mais également son petit nombre de soldats (9 000 en tout, contre l'armée régulière britannique que des renforts permanents font sans cesse grossir), posent la question de l'accession à la liberté des colons et, plus largement, de toute possibilité de libération.

Le bonheur ne réside plus dans l'insertion de l'homme dans une collectivité régie par des lois strictes héritées des temps passés, mais il se trouve dans la mise en valeur des possibilités et des talents individuels, dans le développement des potentialités de chacun, dans la culture et la fortune. Être poli (au sens propre, c'est-à-dire modelé par les autres, sans relief ni aspérité) est moins important qu'être original, que s'affirmer comme un individu autonome. *Le Neveu de Rameau* [1], de Diderot, est l'une des plus célèbres illustrations de cette originalité affichée. L'amour est une façon d'accéder au bonheur. En partie libéré des contraintes familiales et sociales dans les œuvres littéraires, il devient un moteur et un élément libérateur. La vie naturelle, les mœurs plus douces que les philosophes croient discerner dans les usages des « bons sauvages » mènent les écrivains sur la voie d'un éloge de la nature et de la liberté [2].

La condition sociale ne doit plus dépendre de la naissance, du hasard ou de la chance. En effet, l'égalité des qualités humaines est telle que seuls l'ambition et le dynamisme devraient pouvoir garantir l'accession à une place sociale précise. Dans *L'Île des esclaves* (1725), Marivaux lui-même rappelle que la différence des « conditions » n'est due qu'à la volonté divine, et Figaro, chez Beaumarchais, évoquera encore cette revendication dans son monologue [3].

LES ACTEURS DE BONNE FOI DANS L'ŒUVRE DE MARIVAUX

L'UNE DE SES DERNIÈRES PIÈCES

Élu à l'Académie Française le 24 décembre 1742 (après deux échecs en 1732 et 1736 et parce que les académiciens refusaient d'élire son concurrent, Voltaire), partisan enthousiaste des « Modernes » dans la querelle littéraire qui les a opposés aux défenseurs des Anciens, Marivaux a connu un certain nombre d'échecs que ses succès ne font pas oublier. *La Dispute*, jouée en 1744 par les Comédiens-Français, n'a connu qu'une représentation ; *La Femme fidèle*, en 1755, n'est donnée que dans un théâtre privé

1. Écrit entre 1760 et 1772. \ 2. *La Nouvelle Héloïse*, de Rousseau, sera publiée en 1761, par exemple, et le *Supplément au Voyage de Bougainville*, de Diderot, bien que publié en 1796, est écrit à cette époque. \ 3. Beaumarchais, *Le Mariage de Figaro*, V, 3.

et devant un public restreint, alors que *Le Préjugé vaincu*, lui, en 1746, est un franc succès que les Comédiens-Français joueront sept fois. S'il publie aussi des *Réflexions sur Corneille et Racine* en 1749, et un dialogue, *L'Éducation d'un prince*, en 1750, les autres textes de Marivaux connaissent une plus faible diffusion : *La Colonie*, écrite la même année, ne sera donnée qu'en 1781 ; *Félicie*, en 1757, est seulement lue à l'Académie française et publiée dans *Le Mercure*, alors que *L'Amante frivole*, lue le même jour, ne sera jamais publiée et est aujourd'hui perdue.

LES CARACTÉRISTIQUES D'ENSEMBLE DE LA PIÈCE

L'écriture des *Acteurs de bonne foi* met en lumière le goût de Marivaux pour ses formes préférées. À la fin de sa vie, il revient donc sur le leurre et le thème essentiel de son œuvre : la surprise. Dans cette pièce, qui se déroule très rapidement et semble fondée sur une gaieté débridée, l'auteur développe une réflexion plus grave sur les apparences, les jeux de la comédie humaine, sur les désirs profonds et sur ce que l'on n'appelle pas encore la « frustration ». Pour assurer leur amour, les personnages doivent passer par la souffrance, l'angoisse de la trahison et de l'abandon. Si le spectateur connaît tout de suite les intentions des personnages meneurs du jeu (Merlin annonce d'emblée qu'il veut utiliser la fiction pour jauger l'amour de Lisette et de Colette, celui de Blaise), c'est la théâtralité et la mise en abyme du jeu qui vont révéler à chacun l'ampleur de sa nature : la solidité des affections des jeunes gens, la violence des mères prêtes à toutes les attaques (même sur l'âge d'une femme !) pour défendre leurs enfants. La comédie est un acte créateur : elle donne corps aux rêves des personnages, aboutis et heureux pour ceux qui s'épousent (Éraste et Angélique), sans espoir pour d'autres (Araminte semble aimer Éraste).

DES PERSONNAGES RÉCURRENTS

Certains personnages se retrouvent fréquemment dans l'univers théâtral de Marivaux : Mme Argante est une mère dans cinq autres pièces (et, surtout, un personnage au caractère bien trempé dans *Les Fausses Confidences* et *L'Épreuve*) ; Blaise est un paysan niais et maladroit dans *L'Héritier de village* et *L'Heureux Stratagème* ; Colette, une fille de paysan dans *L'Héritier de village* ; Angélique est l'héritière de bonne famille dans quatre autres pièces ; Éraste est le jeune premier dans deux autres, Lisette une suivante habile dans douze ! Mais Mme Amelin et Merlin n'apparaissent que dans *Les Acteurs de bonne foi*. Le second, surtout, est fortement connoté par un nom qui, hérité du Moyen Âge et des légendes celtiques, détermine son personnage. Le devin, le magicien doué de pouvoirs merveilleux révèle généralement une sagesse profonde et ses prophéties servent de références et de justifications aux actions. Le valet a en partie hérité de ces capacités exceptionnelles puisque, outre son « génie littéraire », il est capable d'ourdir un stratagème ingénieux qui va permettre de mettre en lumière la vérité des êtres. Quant à Mme Amelin, comme la sonorité de son nom l'évoque, elle fait preuve de douceur, d'aménité et veut favoriser les amours des jeunes gens.

UNE INTRIGUE SIMPLE ?

La comédie repose sur des procédés usuels et les jeux qui mènent les personnages vers leur vérité interne sont habituels chez Marivaux. Mais l'originalité de ce théâtre dans le théâtre repose sur la complexité de l'imbrication : les acteurs jouent une pièce mais, en réalité, certains en interprètent deux. Merlin et Colette, en effet, font semblant d'être inconstants et de s'aimer pour mieux s'assurer de la réalité des sentiments de leurs fiancés respectifs. Ce qui les conduit à donner, en fait, quatre spectacles parallèles : l'un est une pièce commandée à l'intérieur de l'intrigue pour les festivités du mariage d'Éraste, l'autre est celle que donnent Merlin et Colette à leurs deux amoureux, la troisième est celle que proposent Araminte et Mme Amelin à Mme Argante et à Éraste (comme à Angélique et à sa mère). Enfin, ces trois pièces ne sont que la représentation que les acteurs proposent au public de Marivaux qui assiste à ces mises en scène. Pour accéder à la vérité, assurer ses possessions et ses certitudes, il faut donc passer par une remise en question, une forte déstabilisation, des jeux en miroir, des faux-semblants. Il faut, en réalité, utiliser le fictif pour parvenir au vrai, faire semblant de faire semblant pour savoir... Les mensonges, les problèmes concrets du quotidien comme l'argent, l'âge ou les caractères sont ici habilement utilisés pour mettre en valeur les cœurs et leur fonctionnement.

LA RÉCEPTION DE LA PIÈCE

Si elle ne fut guère jouée aux XVIIIe et XIXe siècles, la pièce a connu ses moments de gloire au XXe siècle. En effet, sa modernité, ses jeux presque « pirandelliens » – selon le mot de Jacques Scherrer qui y voyait de nombreux traits la rapprochant des textes de Pirandello [1] – lui ont fait connaître un réel succès à partir de 1947 et de sa représentation par la Comédie-Française le 30 octobre de la même année, en écho avec *Les Femmes savantes*, et plus particulièrement depuis la mise en scène d'André Barsacq, en 1957, au théâtre de l'Atelier, deux cents ans après sa parution… Nombreux sont les critiques qui ont noté la fin hâtée des *Acteurs de bonne foi*, presque bâclée [2], et attribué à cette brusque chute le manque de succès de la pièce. Celle-ci n'en demeure pas moins une œuvre qui intéresse les critiques et donne lieu à de nombreuses analyses de la « logique marivaudienne » ou des jeux internes [3] qui s'y réploient.

1. *Pirandello* : écrivain italien (1867-1936), prix Nobel de littérature en 1934. \ 2. Voir *Théâtre complet de Marivaux*, éd. Bernard Dort, Le Seuil, 1964. \ 3. Voir, notamment, B. Girard, « La logique marivaudienne dans Les *Acteurs de bonne foi* », in *Travaux sur le XVIIIe siècle*, université d'Angers, 1978, p. 75-86.

L'ŒUVRE
DANS UN GENRE

L'ÉVOLUTION DU GENRE COMIQUE AU XVIIIe SIÈCLE

À l'époque, le texte de théâtre est écrit avant tout pour être représenté ; il dépend donc également des conditions matérielles, des salles et des acteurs. Appartenant davantage à la troupe qui le joue qu'à son auteur, il est généralement interprété avant d'être publié, certaines œuvres ne paraissant d'ailleurs que des années plus tard. En outre, la comédie est devenue un genre beaucoup plus ludique, un texte de divertissement dont la valeur littéraire est moins importante que sa représentation. Cette approche est due, en grande partie, à l'influence du Théâtre-Italien sur les écrivains mais également sur le public.

DEUX THÉÂTRES SUBSISTENT : LA COMÉDIE-FRANÇAISE ET LE THÉÂTRE-ITALIEN

Si le public parisien est accoutumé aux représentations des Comédiens-Français, il se rend également à celles de l'Opéra, genre nouveau et à la mode, spectacle total qui unit texte, chant, musique et mise en scène (bien que cette dernière demeure limitée), mais aussi et surtout à celles des Comédiens-Italiens.

La Comédie-Française, demeurée un théâtre prestigieux, donne toujours des tragédies, des comédies fidèles aux usages hérités des siècles précédents. Les textes y sont dits avec solennité tandis que les Italiens, qui en 1757 maîtrisent désormais la langue française, privilégient toujours les jeux scéniques, l'improvisation maîtrisée. Marivaux, d'ailleurs, a donné des œuvres aux deux théâtres mais c'est aux Italiens, plus vifs et plus dynamiques, qu'il a confié les deux tiers de ses pièces[1].

La Comédie-Française est sans doute toujours la scène la plus prestigieuse de l'époque. Scène officielle, dont les interprètes sont généralement vantés pour leur talent, elle attire encore un public nombreux – les

1. Voir *L'Île des esclaves*, Hatier, coll. « Classiques et Cie », « L'œuvre dans l'histoire ».

comédies plaisent à des spectateurs issus de toutes les couches sociales. Sa « gloire » est liée aux grandes œuvres représentées, particulièrement aux tragédies, pièces nobles par excellence, et aux comédies « régulières », en cinq actes, souvent en vers et généralement fondées sur des sujets sérieux. Marivaux, le plus souvent, lui a remis des pièces longues. Toutefois, son goût pour l'effet, sa recherche de la préciosité au détriment du naturel demeurent source de critiques.

Le Théâtre-Italien, lui, moins compassé, garde les faveurs du public. Ses représentations, fondées sur un canevas[1] mais aussi et surtout sur des improvisations, des gestes et des mouvements vifs, remportent régulièrement un succès considérable. Toutefois le public s'est progressivement éloigné des canevas stéréotypés et les pièces en français, de natures variées, peuvent également proposer des réflexions philosophiques. Depuis la fin de la Régence, le spectacle est devenu complet : chants, danses, morceaux musicaux accompagnent les textes et concurrencent parfois l'opéra, s'appuyant même sur des « effets » : fumées, feux d'artifice, divertissements s'inscrivent dans l'éthique des plaisirs qui préside au goût du temps. Les acteurs y diffèrent toujours de leurs concurrents par leur jeu dynamique, privilégiant les gestes et le mouvement. La notion même de mise en scène est déjà en place en ce milieu de siècle : l'un des acteurs, voire un « régisseur », sorte d'homme aux talents multiples, organise les déplacements sur scène, indique les tons ou les mimiques à adopter...

Ainsi, en 1757, si le succès de Marivaux a perdu de son éclat, si ses nombreux imitateurs ont en partie émoussé l'intérêt que le public pouvait apporter à ses intrigues délicates, si le goût pour sa mise en valeur des « naissances » et des « surprises » de l'amour est moindre, le choix du canevas et d'une répétition proposés sur scène s'inscrit pleinement dans un genre et une époque qui privilégient toujours le divertissement, la gaieté et les ambiguïtés.

1. Les grandes lignes de l'action, les personnages, typés et identifiés par leurs noms et leurs principales caractéristiques, servent en effet de trame principale aux représentations.

L'ÉVOLUTION DU THÉÂTRE AU MILIEU DU XVIIIe SIÈCLE

Les conditions matérielles évoluent lentement et les représentations conservent nombre de leurs contraintes anciennes.

Les conditions matérielles

Le théâtre, en effet, est encore très proche de celui du siècle précédent. La luminosité demeure faible, réduisant les possibilités de mise en scène dynamique lors des représentations tardives. La salle est éclairée pendant les représentations, le public du parterre est encore souvent debout devant la scène et s'agite, demeure bruyant. Les spectateurs n'hésitent pas à réagir violemment, criant, insultant parfois les personnages, faisant des plaisanteries, sifflant ou applaudissant.

Les acteurs gagnent assez bien leur vie : dans les théâtres les plus favorisés, ils reçoivent un salaire et des pensions. Propriétaires de leurs costumes, admirés pour leur jeu, considérés comme nos vedettes actuelles, ils sont cependant toujours rejetés à la marge de la société puisque leur immoralité et leur condition même les excluent toujours de la communauté : jouer un rôle, c'est mentir, s'exposer aux regards, représenter des vices...

Les auteurs, quant à eux, sont moins bien pourvus : leurs pièces appartiennent à la troupe qui les joue ; plus nombreux que les salles, ils doivent se plier aux exigences des comédiens (qui demandent parfois qu'ils renoncent à toute rétribution) et n'obtiennent qu'un faible pourcentage des recettes[1]. Leur salaire, en outre, ne leur est versé que pour la première suite de représentations ; rejouée après une interruption, la pièce ne leur rapporte plus rien. Publiée, l'œuvre ne leur procure aucune rémunération et les représentations sont peu nombreuses. Certains en viennent, comme Marivaux à la fin de sa carrière, à proposer des lectures durant des dîners ou devant les invités d'un salon... C'est Beaumarchais, on le sait, qui remettra en cause cette organisation et revendiquera un « droit » d'auteur.

1. Ces conditions sont très strictes : l'auteur touche un neuvième des gains pour une pièce en cinq actes, un douzième pour une pièce en trois actes et un dix-huitième pour une œuvre en un acte.

Les genres

Les genres définis par les théoriciens du XVIIe siècle, comme l'abbé d'Aubignac, par exemple, demeurent les fondements du théâtre au XVIIIe siècle. Le genre « mixte » qui unit comique et tragique, à la manière des textes baroques ou shakespeariens, est toujours critiqué. Les « genres mélioratifs » représentent les hommes et leurs actions pour les rendre meilleurs, mettant en scène des êtres « supérieurs » : la tragédie (équivalent dramatique de l'épopée) demeure ainsi la référence. Voltaire attaque *Hamlet* parce que la scène des fossoyeurs lui enlève sa solennité, et il rédige des tragédies dont les sujets rappellent ceux des siècles précédents (comme *La Mort de César* en 1735 ou *Mérope* en 1743). Les « genres péjoratifs », eux, comme la comédie, représentent les ridicules humains et veulent corriger les « médiocres ». L'ambition moralisatrice du genre comique reste essentielle au XVIIIe siècle. Cependant la comédie ne s'appuie pas sur les réflexions d'Aristote, autorité incontournable des genres dits « nobles », mais sur le célèbre *castigat ridendo mores* d'Horace. L'ambition y est plus mesurée : il ne s'agit que d'éviter aux spectateurs de reproduire les erreurs et les comportements qui rendent les personnages ridicules à leurs yeux. Mais, après la seconde Querelle des Anciens et des Modernes – qui, au début du siècle, opposa Houdar de la Motte, qui voulait « corriger Homère » sans savoir un mot de grec, aux partisans des Anciens –, la comédie évolue vers un raffinement plus important. L'exagération des ridicules semble un procédé trop grossier et l'on privilégie désormais la psychologie, l'analyse des sentiments. La sensibilité du spectateur est davantage sollicitée, comme son analyse des situations. Les valets ont toujours une place essentielle dans les comédies d'intrigue, des personnages de Régnard [1] (dans *Le Joueur* en 1696, par exemple) à ceux de Beaumarchais [2] (comme Figaro en 1775 et 1783), mais ils acquièrent une épaisseur psychologique et sentimentale qui en fait des êtres inventifs et sensibles, des protagonistes à part entière.

1. *Jean-François Régnard* : écrivain et auteur dramatique français (1655-1709). \ 2. *Pierre-Augustin Caron de Beaumarchais* : écrivain et auteur dramatique français (1732-1799).

L'univers de la commedia dell'arte et l'usage qu'en fait Marivaux dans **Les Acteurs de bonne foi**

Les traits hérités du Théâtre-Italien apparaissent encore dans la pièce. Si, naturellement, le jeu en partie improvisé à partir d'un canevas en est le plus représentatif, d'autres composantes des *Acteurs de bonne foi* se réfèrent directement à la commedia dell'arte. La pièce est courte (un acte et treize scènes), les événements s'enchaînent rapidement, les personnages jouent un rôle qui est à la fois de composition (pour Merlin et Colette qui font semblant d'être inconstants) et qui, pour Blaise, par exemple, n'est que l'imitation de sa propre personnalité. Merlin est bien l'héritier des valets roués et intelligents des comédies italiennes : il mène le jeu, dirige les autres acteurs qui, eux, sont de « bonne foi ».

Une pièce typiquement « marivaudienne »

Mais l'essentiel réside surtout dans la thématique chère à Marivaux : il s'agit, au-delà des apparences, des masques et des jeux, de dépasser l'inconstance et le mensonge et d'atteindre la vérité des cœurs. Les nécessités matérielles (rappelées ici par la somme reçue par Merlin pour organiser le spectacle) et les mensonges du langage sont dépassés pour accéder à la réalité profonde des êtres. Malgré tous les discours qu'ils tiennent, Blaise et Colette s'aiment, et Lisette et Merlin sont unis par des sentiments sincères. Les noms des personnages, habituellement utilisés par Marivaux, les lient à l'ensemble de sa production et les enracinent dans une continuité dramaturgique.

Toutefois, ici, Marivaux va plus loin encore dans l'usage de la comédie : les personnages se donnent un spectacle, mais les « représentations » incluses dans la pièce sont nombreuses et nuancées. Tous répètent une intrigue pour un mariage : Blaise et Lisette sont sincères et ne veulent jamais dépasser dans leur jeu ce que la réalité leur impose ; Merlin et Colette se mettent en scène pour mieux tester les sentiments de leurs amants. De même, Mme Amelin joue une comédie à Mme Argante, aidée en cela par Araminte. Les « dupes » sont dessillées à la fin et l'on en revient à la situation initiale mais, cette fois, les affections sont fortes et assurées, les convictions profondes et réelles. Rappelons, d'ailleurs, que l'acteur est toujours de « mauvaise foi » puisqu'il sait qu'il joue ;

seuls ceux que l'on dupe peuvent donc rester de « bonne foi ». En cela, le titre même de l'œuvre peut apparaître comme un oxymore.

Une fois de plus, la pièce constitue un « test » d'envergure : chaque personnage y découvre l'autre, les autres et soi-même. Les tabous sont mis à mal puisque, protégés par le jeu, les personnages se montrent : Merlin et Colette semblent bien attirés l'un par l'autre, Araminte paraît prête à épouser Éraste en se servant de sa fortune, Mme Argante semble disposée à accepter tous les compromis pour marier sa fille. Il s'agit bien d'une pièce de fin de carrière en ceci également : elle est la conclusion d'une recherche de Marivaux sur les pouvoirs et les illusions du langage, sur la vérité des cœurs, sur les risques de la comédie humaine, sur les enjeux des rôles que nous devons tous interpréter socialement. Dévoilant la force des désirs, des enjeux sociaux et financiers du mariage, la pièce révèle comment ces traits profonds, mis à distance par la représentation, peuvent apparaître et s'exprimer. L'expérience présente aussi des possibilités qui demeurent inexploitées : l'union arrangée peut être remise en cause, l'argent nuire aux sentiments, le « rêve » détruire le réel si on ne le canalise pas... Dans *Les Acteurs de bonne foi*, le spectacle comique est correcteur, en vertu de l'antique *castigat ridendo mores*.

LA COMÉDIE : UN GENRE THÉÂTRAL ET LUDIQUE

Dans la Grèce antique, le mot *comedia* désignait une chanson rituelle, interprétée durant les cortèges organisés en l'honneur de Dionysos. La comédie est un genre initialement distingué de la tragédie par trois critères précis : le plus souvent, ses personnages appartiennent à une classe sociale modeste (la bourgeoisie depuis la Renaissance) ; le dénouement en est heureux pour les personnages sympathiques ; sa finalité est de corriger en utilisant le rire. Définie par Aristote comme une « imitation d'hommes de qualité morale inférieure », la comédie repose sur la réalité et s'adapte ainsi à toutes les sociétés, à toutes les générations. Le rire y est de nature différente selon les pièces : rire de supériorité lorsque le protagoniste est un maniaque enfermé dans ses lubies (comme l'avare Harpagon) ou de complicité avec des héros que l'on désire voir réussir (comme Scapin ou Figaro)[1]. Le comique est alors protecteur, il éloigne du tragique, procure une « anesthésie affective[2] » et permet au spectateur de se corriger moralement parce qu'il se sent supérieur à ces personnages qui, englués dans les exagérations de leurs défauts, se conduisent de manière surprenante ou stupide. Alors que la tragédie repose sur la représentation des angoisses humaines, la comédie joue sur nos tentatives de défense, sur notre volonté d'échapper à ces sources d'inquiétude. Ainsi, alors même que la tragédie est fondée sur des engrenages inéluctables, sur la fatalité, la comédie se nourrit du hasard, des imprévus, des inventions immédiates et adaptées à la situation. Blaise et Lisette subissent le jeu imposé par Merlin et l'épreuve qu'il a concoctée en compagnie de Colette (« nous sommes convenus tous deux de voir un peu la mine que feront Lisette et Blaise à toutes les tendresses naïves que nous prétendons nous dire [...], sc. 1). Dans le genre comique, il est donc naturel que l'ordre soit menacé, mis à mal ou questionné. Mais la fin le rétablit toujours, l'assurant d'une manière plus forte par le rétablissement des normes. Le monde ne bascule jamais dans la folie ou l'inversion : à la fin des *Acteurs de bonne foi*, par exemple, chacun retrouve son amour et ses certitudes après, bien sûr, être passé par un « point de mort rituel », selon les termes de N. Frye[3]. L'exemple le plus frappant de la pièce en est Blaise qui souffre de cette « vilaine comédie » (sc. 4).

Dans *Les Acteurs de bonne foi*, la comédie repose donc surtout sur les grands principes de l'écriture théâtrale. Tout texte de théâtre est avant tout écrit pour être représenté. Le spectacle, la mise en scène sont l'aboutissement et l'accomplissement de la pièce. Merlin, d'ailleurs, insiste sur le dédoublement qu'il incarne et sur son rôle de dramaturge (« ma pièce », sc. 1). La parole y est action et bien qu'écrites préalablement par l'auteur, les répliques ne prennent toute leur valeur que par le jeu sur scène. Au XVIIIe siècle, la comédie, influencée par le théâtre de foire et les Comédiens-Italiens, est devenue plus ludique. Les personnages y bougent

1. *Harpagon* : personnage de *L'Avare* de Molière (1668) ; *Scapin* : héros des *Fourberies de Scapin* du même Molière (1671) ; *Figaro* : protagoniste du *Barbier de Séville* (1775) et du *Mariage de Figaro* (1784), comédies de Beaumarchais. \ 2. L'expression est de Charles Mauron dans *Des métaphores obsédantes au mythe personnel. Introduction à la psychocritique*, José Corti, 1964, p. 27. \ 3. *Anatomy of Criticism*, Princeton University Press, 1957, trad. Gallimard, 1969, p. 179.

beaucoup, les dialogues sont vifs et s'enchaînent rapidement. Notons qu'ici ce sont les personnages de niveau social inférieur qui font dorénavant l'objet de l'épreuve. Blaise est un « fils de fermier » et Lisette une suivante. Ils sont devenus des protagonistes à part entière et leurs maîtres ne sont que leurs spectateurs. Toutefois, la seconde comédie, jouée par Mme Amelin et Araminte, complique ce schéma en réinstallant les bourgeois comme personnages principaux. Si les noms des personnages sont, à eux seuls, de véritables programmes puisque le public les connaît (ayant déjà été souvent utilisés par Marivaux) ou en perce aisément les caractéristiques principales (Blaise, Colette, Lisette, notamment, sont transparents pour bon nombre de spectateurs et situent bien la classe sociale), l'intrigue est fondamentale. Libérée des règles contraignantes en vigueur au siècle précédent, elle devient plus originale, plus variée que durant les époques antérieures.

LA DOUBLE ÉNONCIATION

Élément fondamental du théâtre, la double énonciation est essentielle dans les comédies. Les personnages s'adressent les uns aux autres sur scène mais, derrière leur discours, le public entend également celui de l'auteur. L'effet est différent lorsque l'on considère ces deux niveaux. Les personnages, pris dans une action, ne peuvent saisir toutes les nuances que distingue le spectateur qui, au fait de l'ensemble de l'intrigue, assiste à la totalité des entretiens et voit l'histoire se dérouler sous ses yeux. Il comprend mieux le message de l'auteur. Lorsque Colette et Merlin font mine de s'aimer, par exemple, le public sait qu'il ne s'agit que d'un test et que tout finira bien. Le spectateur a ainsi la certitude que cette mise en abyme sera salutaire mais sans conséquence tragique. La comédie corrige les protagonistes, Mme Argante découvre ses erreurs et admet les bienfaits du spectacle comique, la leçon s'achève.

L'ÉCHANGE THÉÂTRAL : DIALOGUES ET POLYLOGUES

Au théâtre, toute parole est importante, porteuse de sens et essentielle à l'intrigue. Chacun parle selon son rang, sa place, son rôle dans l'action, son époque, son pays d'origine… L'intérêt même de l'intrigue repose sur cette particularité. Ce sont les discours qui portent essentiellement l'apparence de l'inconstance : Colette affirme : « Non, il ne me revient point » en parlant de Blaise (sc. 4), alors même qu'elle lui est fiancée. Le dialogue évolue donc en fonction de ces éléments et des choix stratégiques et dramaturgiques de Merlin et Colette, choix inconnus de leurs amants. Aucun dialogue n'est alors neutre ni insignifiant : il traduit à la fois ce que ressent l'émetteur (fonction émotive du langage), il exprime ses conceptions, sa vision du monde (fonction référentielle), tente d'agir sur son interlocuteur, de modifier sa situation et celle de son destinataire (fonction conative), vérifiant sans cesse que ses propos sont compris (fonction phatique). Enfin, la fonction poétique est également mobilisée. Lorsque les « acteurs » parodient les codes des scènes d'amour, ils révèlent que chaque genre, chaque situation possède un langage propre (« Entre amants, les mains d'une maîtresse sont toujours de la conversation », *ibid.*) ou qu'une classe sociale a une « parlure[1] » propre : le paysan s'exprime mal (« Eh ! parguié ! ne le sais-je pas pisque j'y étais »), la fille du jardinier confirme cette tendance (« C'est que, si vous m'aimez, c'est bian fait, car il n'y a rian de pardu », *ibid.*). Le caractère du personnage est donc en partie porté par sa parole et Merlin l'a précisé d'emblée : Blaise est un « nigaud pris sans vert », Colette est une « petite coquette de village », Lisette « une maligne soubrette » et Merlin se voit comme un « joli homme » (sc. 2). Le style de Marivaux s'adapte ainsi aux effets recherchés. Le dialogue théâtral prend plusieurs formes.

La stichomythie

Elle met en place un dialogue vif, de phrase à phrase, ou repose sur un enchaînement encore plus rapide. Le procédé s'adapte donc parfaitement aux moments où les émotions sont intenses, où le conflit entre deux personnages atteint son paroxysme. Lorsque Lisette et Blaise assistent à la représentation que leur donnent leurs amants, les répliques s'enchaînent : Merlin et Colette échangent rapidement leurs sentiments (« Et pourquoi, Colette ?/C'est que si vous m'aimez, c'est bian fait et qu'il n'y a rian de pardu/Sans doute », sc. 4), leur public s'enflammant tout aussi brièvement (« Ne faut pas manier non plus, n'est-ce pas, Mademoiselle Lisette ?/C'est le mieux », *ibid*). Le conflit réside tout entier dans cette tension profonde : le valet veut conter fleurette à la maîtresse de son

1. *Parlure* : manière de parler propre à un personnage, à un groupe.

ami, devenue sa partenaire et donc accessible à ce discours, et cette dernière, au fait de la situation, accepte de jouer ce jeu.

Le polylogue

Le dialogue à plusieurs voix permet à tous les protagonistes de s'exprimer ; les répliques montrent leurs positions respectives, indiquent leur situation affective ou intellectuelle et mettent en valeur les moments cruciaux. Les deux principales scènes où tous les personnages s'expriment (à savoir les dernières, qui scellent le dénouement et tirent les leçons de l'expérience de la mise en abyme) servent en effet à préciser la vérité de chacun : Mme Argante s'élève contre la duplicité apparente d'Araminte, Blaise s'affirme comme épris de Lisette, et tous découvrent le sens de leurs inclinations et révèlent leur véritable nature. Lorsque les quatre protagonistes sont réunis, les polylogues mettent en relief les conflits sociaux et amoureux qui opposent les deux duos mais également la différence de milieu, d'éducation entre Colette et Lisette. Si Colette et Merlin s'amusent aux dépens de leurs amants respectifs, ceux-ci expriment une souffrance et un dépit qui éclaire leur attachement réel. De même, l'intervention d'Araminte (sc. 9) met en lumière sa solitude, son désir d'être aimée, tout autant que sa volonté d'aider Mme Amelin dans son désir de montrer la pièce de Merlin.

Le dialogue

Cependant la comédie repose le plus souvent sur de véritables dialogues, sur des duos qui mettent en place l'intrigue (sc. 1), développent la scène comique et l'épreuve qu'elle constitue (sc. 3), ou qui offrent une occasion de mettre en place le dénouement : ainsi, par exemple, lorsque Araminte et Mme Amelin imaginent à leur tour une « représentation » (sc. 8). Le dialogue sert à la fois la construction dramaturgique et la présentation des éléments essentiels. Apparaissant à des moments clefs (l'exposition, le « nœud »), il constitue chaque fois une étape essentielle vers le dénouement. Le dialogue fait progresser l'intrigue, constitue un moment comique préparant la « correction » (surtout dans la scène 8).

La pièce, fait remarquable, ne propose aucun monologue. Ce sont les rapports amoureux qui doivent être éprouvés, confortés ; les différents personnages doivent donc évoluer ensemble, face à face, pour parvenir à le faire.

LES PRINCIPAUX TRAITS DE L'ÉCRITURE COMIQUE DANS *LES ACTEURS DE BONNE FOI*

Un style adapté

La pièce repose sur les procédés comiques traditionnels. Rappelons que le terme *comique* signifie à la fois « qui fait rire » et « lié au dénouement heureux d'une intrigue ». La situation principale est, tout entière, porteuse du comique. La mise en abyme, qui offre des occasions de tromperie, de jeu et de piège, mais surtout, dans une comédie, de parodies et de critiques enjouées, est à elle seule source de rire et d'un dénouement heureux. Cette situation est intimement liée à la fête organisée pour le mariage d'Éraste et d'Angélique, à un moment social ludique, parfaitement identifié comme tel par le public. Fondée sur un jeu de rôles, introduisant une part d'improvisation, appuyée sur la nature réelle des « acteurs » et surtout sur leur « bonne foi », reposant sur une « épreuve », cette intrigue ne peut qu'être comique. Les cœurs qui souffrent et s'expriment naïvement ou maladroitement, comme Blaise, notamment, prêtent toujours à sourire ou à rire, les dénouements assurant un retour à l'ordre sont heureux. En outre, la tradition dramaturgique est un gage d'ancrage dans l'espoir d'une fin heureuse. Le spectateur est en effet accoutumé à ces procédés d'inclusion et sait qu'à la fin, à la manière de *La Mégère apprivoisée* de Shakespeare (1593-1594), pièce fondée, elle aussi, sur un principe analogue – une petite pièce incluse dans la cérémonie d'un mariage –, les cœurs tirent bénéfice de ces mises en abyme et parviennent à la constance, à la confiance et au bonheur.

Si les gestes exagérés sont peu nombreux, la parodie des entretiens amoureux, cliché des pièces comiques, donne aux personnages l'occasion d'exposer des mouvements drôles : la main, mise en scène par Merlin et Colette, devient un élément symbolique de l'échange amoureux et mime les usages réels. On ne peut se parler d'amour qu'en se rapprochant et en donnant « sa jolie main » (sc. 4). Les didascalies portent l'essentiel des gestes qui sont représentés : Merlin « recommence plusieurs fois la scène » (*ibid.*) ; les deux « spectateurs » restent « assis » tout en interrompant, ce qui révèle leur soumission à la situation et à leur metteur en scène ; Blaise ne se lève que lorsqu'il s'agit d'affirmer hautement : « C'est la vérité qu'alle me l'a dit » (*ibid.*). Mme Amelin, tentant de faire taire Angélique dans ses apartés (sc. 7) pour éviter l'échec de sa propre « représentation », révèle aussi la part de drôlerie de cette attitude.

Le langage, cher à Marivaux, est également porteur du comique. La langue paysanne, plus copiée des usages traditionnels du théâtre que de la réalité des paysans, fait sourire ; les fautes de prononciation (sur le *e*, voyelle représentative entre toutes : « bian, alle »), les erreurs de paradigme (« li » pour *lui*), les fautes de conjugaison (« je ne saurions », « vous m'escamotiais », sc. 5), les phrases segmentées s'ajoutant aux fautes, font inévitablement rire un public raffiné et cultivé. La colère des deux personnages paysans amuse également un public qui sait qu'il assiste à un jeu de la vérité : la parole devient un enjeu. Lorsque les deux « acteurs » jouent la comédie, ils parodient des scènes traditionnelles et c'est l'écart qu'introduisent Lisette et Blaise, qui, s'opposant à ce qui constitue le théâtre, fait rire : le passage des « mains » qui sont « défendues » par Lisette, interdites de maniement par Blaise, met en valeur les conventions sociales et dramaturgiques. Si le langage est comique, c'est aussi parce qu'il révèle plus que la condition : il est le reflet fidèle du caractère des personnages. Merlin définit ses amis dès la scène 1 et ceux-ci ne font que confirmer ses caractérisations : Blaise est un nigaud sincère, mais incapable d'improviser vraiment (« Je suis tout perturbé, moi ; je ne sais que dire », sc. 4), il se conduit comme « une grue » stupide (sc. 5) ; Colette est une coquette (« je n'empêche pas les mains, moi », *ibid.*) ; Lisette, un peu plus éduquée, est une soubrette de caractère (« Ah ! nous verrons si on me fera jouer la comédie malgré moi », sc. 12) et Merlin aime jouer au séducteur et à l'homme habile (sc. 1 et 2). Les répliques naïves, surtout dans la bouche de Blaise (« Mais si ce que j'allons jouer allait être vrai », sc. 2 ; « et maugré la comédie, tout ça est vrai », sc. 12), contribuent également à la drôlerie. Enfin, la syntaxe souvent simplifiée, l'emploi abondant de ruptures, de pauses montre également la difficulté qu'ont les personnages à construire un discours. Le comique est donc ici étroitement lié à la condition sociale.

Les caractères, en outre, portent une grande partie du comique de la pièce. Si Blaise fait sourire, c'est parce qu'il est tour à tour effrayé et inquiet, parce qu'il se conduit en amant malheureux (il pleure, sc. 5) dont la finesse ne parvient pas à démêler le vrai du faux. Si Colette est drôle, c'est parce qu'elle pousse la revendication de son inconstance jusqu'à la remise en cause du mariage arrangé par les parents (sc. 4). Si Merlin est comique, c'est parce qu'il s'amuse sans cesse de la situation, met en scène avec autorité sa pièce ou se lamente pour l'argent (sc. 5). Enfin, les maîtres assurent le comique dans la mesure où Mme Amelin s'entiche de théâtre, Mme Argante de pruderie, et où Éraste et Angélique sont les jeunes amoureux naïfs.

LES PERSONNAGES

Les quatre « acteurs » sont comiques mais à des titres divers. Leurs noms constituent un programme annonciateur de la pièce. Blaise, prénom typique de la paysannerie, est le personnage le plus drôle, celui dont le langage paysan (ou du moins proposé comme tel par l'écrivain) et la naïveté permettent une grande partie du déroulement de l'intrigue. Colette, dont le prénom est le diminutif de Nicole, déjà connoté comme désignant des servantes et signifiant étymologiquement la « victoire du peuple » (*nikê laos*, *laos* étant synonyme de *démos*), est plus rusée puisqu'elle joue avec Merlin et met son amant à l'épreuve, mais elle assure également la drôlerie linguistique de la pièce. Merlin fait parfois rire : dès le début de la pièce, il est pédant et sûr de lui, rappelant l'origine de son nom, issu de Merlin, le personnage né au XIIe siècle [1] sous la plume de Geoffroy de Monmouth. Sa certitude d'être un auteur de qualité amuse (sc. 1), sa peur de perdre de l'argent fait ensuite sourire (sc. 5). Lisette, diminutif d'Élise, est une suivante drôle en raison de sa jalousie et de sa rapidité à s'emporter (sc. 2 et 3).

Quant aux maîtres, peu présents, ils sont surtout des faire-valoir des « acteurs de bonne foi » et justifient par leur présence cette répétition et la mise à l'épreuve qu'elle contient. Éraste, soumis à des femmes, amuse lorsqu'il est désemparé face à Araminte (sc. 9 et 10), de même que Mme Argante est drôle lorsqu'elle refuse d'assister à un spectacle parce que « chez une femme de [s]on âge, cela serait ridicule » (sc. 6). Mme Amelin et Araminte sont les deux personnages les plus sérieux, et Marivaux ne leur attribue que des

1. Merlin est d'ailleurs une altération du gallois *Myrddhin*, prophète et sorcier légendaire.

fonctions dramaturgiques pour installer l'intrigue ou faciliter le dénouement. Angélique, seule, échappe au comique. Comme son prénom l'indique, la jeune fille est innocente et sincère. Elle souffre donc réellement de la situation lorsqu'elle croit qu'Éraste est contraint d'épouser Araminte : les didascalies révèlent sa tristesse (sc. 10), son discours exprime sa résignation (*ibid.*) ou sa joie lors du dénouement (sc. 13).

Les « acteurs de bonne foi »

Le mot *foi* vient du latin *fides* qui signifie « croyance, confiance ». Toute la pièce repose sur les significations du mot et sur ses diverses représentations. En premier lieu, l'intrigue est fondée sur la « bonne foi » des personnages. Il s'agit d'abord de celle des deux acteurs, Blaise et Lisette, qui font confiance, jouent leur rôle en toute franchise, naïvement, et sont donc dupés par la mise en scène et l'épreuve que leur imposent leurs deux amoureux. Ils sont sincèrement persuadés que ces derniers les abandonnent et les trahissent. Il s'agit ensuite de celle d'Éraste et d'Angélique, qui s'aiment réellement et demeurent fidèles l'un à l'autre. Aucun de ces quatre personnages ne devine qu'il subit une épreuve. La bonne foi est ensuite celle de Mme Amelin et d'Araminte qui, en toute confiance, décident de pousser Mme Argante à accepter la représentation prévue. Elles s'attribuent des rôles [1] pour que la pièce ait lieu (« on la jouera pourtant », sc. 8) et sont alors de « bonne foi », dans la mesure où elles ne cherchent pas à tromper pour faire le mal mais pour se divertir. Enfin, Mme Argante est véritablement persuadée que la comédie est un genre trop léger pour elle. Chacun, dans cette pièce, est donc « de bonne foi », mais à des degré divers, pour des raisons et à des moments variés.

Une réflexion mise en pratique

Toutefois, Marivaux ne présente pas une pièce longue ni, aux dires de certains critiques, « totalement achevée ». Pas de société idéale dont il voudrait faire un modèle, pas de véritable argumentation moralisatrice mais une réflexion profonde sur l'écriture et le rôle de la comédie. Le théâtre, qui permet un double jeu redoublé, est également un lieu

1. « Je vais feindre d'être si rebutée du peu de complaisance [...] », dit la première et Araminte affirme : « Mais il n'y a que mon rôle qui m'embarrasse » (sc. 8).

complexe d'analyse : l'actrice qui joue l'amoureuse devient l'incarnation de l'inconstance, le « joli homme » semble trahir son amante, ce qui ajoute une représentation interne, utilisant les deux « spectateurs » pour qu'eux aussi interprètent leurs rôles. Leurs « patronnes » s'adonnent aux mêmes jeux et la mise en abyme est donc sans cesse renouvelée et enrichie. Le monde comique, présenté comme réel dans la fiction, met en place une illusion qui doit être interprétée comme une réalité, afin de mieux révéler les valeurs du quotidien. Il s'agit d'utiliser la mise en scène pour mettre en lumière les psychologies et les sentiments profonds. Le théâtre est toujours considéré comme l'un des moyens d'atteindre à la vérité, des êtres et de l'humanité, et le théâtre dans le théâtre s'impose pour mettre en place le comique mais également la leçon éthique. Les personnages sont d'abord des rôles, et si leurs noms les rattachent à une tradition dramatique, c'est sans doute pour mieux montrer qu'ils incarnent des types – littéraires ou sociaux – et que le spectacle demeure l'essentiel. La mise en abyme abat toutes les frontières, montre que le genre comique libère les paroles et les gestes, renverse les hiérarchies et les tabous. La « bonne foi » est alors nécessaire, puisque c'est grâce à elle que chacun peut dépasser les mensonges et les à-peu-près du langage.

Le jeu devient un instrument de purification, comme la comédie au sens classique du mot. Suspendant momentanément les usages réels, la pièce fait vivre une nouvelle existence aux protagonistes comme aux spectateurs. La brièveté de l'intrigue, encore abrégée par Mme Argante qui a le dernier mot et détermine même la durée de la représentation à venir (« deux heures de temps »), rappelle que l'expérience n'est profitable que si elle est limitée et ouvre sur un retour aux normes. Moment de jeu, mais également d'épreuve, la représentation, elle aussi, doit être courte : ainsi, un acte suffit totalement à tester les attachements et leur sincérité. Les personnages sont rassurés, leurs angoisses corrigées, le mariage des deux jeunes gens et la fête donnée symboliseront la reprise de la vie normale. Nulle volonté de révolution chez Marivaux mais un désir de montrer la valeur profonde du théâtre et, surtout, de la comédie. Si elle ne purifie pas, elle rassure, réconforte, assure le retour à une vie plus sereine, plus heureuse.

LES VALEURS ESTHÉTIQUES ET MORALES DE LA COMÉDIE AU XVIIIe SIÈCLE

UN GENRE POPULAIRE

Le succès des pièces comiques ne s'est pas démenti durant tout le XVIIIe siècle. Le public aime la variété des pièces comiques qui, introduisant un mouvement progressif, l'entraînent à la fois dans le rire et dans le jeu. En effet, à un équilibre antérieur, rapidement mis en cause (ici, la relation amoureuse), succède une longue période de déséquilibre (qui correspond à l'intrigue tout entière, moment durant lequel tout est remis en question), après quoi l'histoire s'achève sur un retour à l'ordre, aux normes. Le dénouement rétablit, affermit, motive et renforce les règles et les engagements usuels. Moment privilégié de jeu, de gestes drôles, de remises en cause, la comédie s'inscrit dans le goût de l'inconstance, du questionnement social et moral du temps. Marivaux utilise les ressorts comiques pour mieux mettre en valeur la mise en abyme qui pousse à s'interroger sur soi, sur ses amours et sur la nature humaine. À l'époque des Lumières, une telle possibilité s'inscrit donc à la fois dans le goût des plaisirs, dans l'envie de s'amuser et de s'étourdir, et de fonder les sentiments sur des certitudes. Si le comique plaît, c'est aussi en vertu de l'un de ses principes fondamentaux : la répétition. Les retours presque mécaniques de certains traits, comme la jalousie et l'inquiétude des amants qui se croient trahis, font en effet naître le rire et permettent la démonstration.

UN GENRE MORAL, QUI MONTRE ET EXALTE

La comédie séduit également par sa dimension morale et si elle imite le quotidien, elle n'en est jamais la pâle copie. Les personnages dépassent les mensonges pour accéder à la vérité. Le succès repose également sur la situation même du public : placé dans une position extérieure de supériorité, il observe des êtres qui se débattent dans leurs contradictions. Il est lui-même spectateur de plusieurs pièces dont il est le seul à tout savoir. Sa sympathie s'exerce, et la dimension réflexive du texte, la distanciation servent alors la correction morale. Les personnages naïfs mettent en lumière les élans de sincérité des cœurs, la duplicité de leurs amants montre que tous peuvent être dupés ou se jouer d'autrui. Il s'agit donc de montrer les défauts, de les exposer avec force pour mieux les réduire.

On rit finalement en partageant le retour pacifique à une situation finale débarrassée de toute ambiguïté[1].

Les sujets généralement abordés dans la comédie (mariage, liberté, intrigues financières…) permettent de tracer des portraits contrastés, le « bon » s'opposant à un « méchant » que la fin fera changer. Le XVIIIe siècle joue abondamment sur la richesse des jeux possibles. *Les Acteurs de bonne foi* est, à ce titre, une pièce révélatrice. À l'ouverture, presque tous les personnages sont à corriger : Merlin est amoureux de Lisette, mais il cherche à se prouver à lui-même qu'il est aimé ; Colette est une coquette, mais elle est fidèle et sincère ; Lisette est une soubrette maligne, mais fort naïve quand son cœur est en jeu ; Blaise est sincère, mais trop sûr de son bon droit et de l'amour de Colette ; Mme Argante est intéressée et hypocrite ; Mme Amelin, soucieuse de son plaisir personnel… La fin les réunit dans une affection consolidée et partagée, chacun des protagonistes ayant reconnu la valeur des sentiments de son partenaire mais aussi des autres. Mmes Amelin et Argante savent que leurs enfants s'aiment, ont compris que s'amuser ne nuit guère et que la franchise est une bonne chose. Araminte accepte difficilement son âge et les remarques acerbes qui le lui rappellent, et son rôle lui permet de se rassurer sur son allure puisque la vraisemblance d'un mariage avec Éraste n'est remise en cause que par la tante de ce dernier. Tout est bien qui finit bien, selon l'expression de Shakespeare, mais chacun y a gagné : tous sont devenus conscients d'eux-mêmes, des autres, de leurs sentiments. Le rôle de la comédie est également affirmé avec force : elle offre l'occasion de prendre connaissance de la vérité, de tester autrui sans risques.

1. Baudelaire, notamment, distinguait le comique « significatif », qui consiste à rire de (quelque chose ou quelqu'un), et le comique « absolu » où l'on rit avec.

LA COMÉDIE AU XVIIIe SIÈCLE : UN GENRE LIBÉRÉ DES CONTRAINTES

LES TROIS UNITÉS

Chères au théâtre classique, les trois unités qui assurent la vraisemblance et la concentration de l'action, ne sont plus considérées comme importantes au siècle des Lumières. Pourtant, dans *Les Acteurs de bonne foi*, elles sont respectées et intégrées à l'intrigue. L'unité de lieu est constitutive de la pièce, justifiée par la réunion des participants au mariage. L'unité d'action est également pleinement réalisée : tout est directement lié à cet événement, et rien n'échappe à la concentration des personnages dans l'épreuve. Le temps est également inscrit dans la « révolution de soleil » aristotélicienne. Les trois contraintes dramaturgiques ne sont donc pas ici des obligations imposées au dramaturge : elles apparaissent comme des composantes nécessaires de la représentation. Elles demeurent des principes fondateurs parce qu'elles ordonnent l'ensemble et qu'elles structurent également, pour le public, l'histoire. L'intrigue est alors un processus dynamique, qui évolue dans le temps, qui repose même sur l'étroite union des trois éléments. Mme Argante, d'ailleurs, qui a le dernier mot de la pièce, insiste sur la durée, nécessairement réduite, d'une comédie : pour faire rire, être efficace et ne constituer qu'un moment ludique et révélateur, elle doit être organisée en « deux heures de temps ».

LE RÔLE DU LANGAGE

Castigat ridendo mores... La comédie, comme tout texte de théâtre, n'est que langage. Au théâtre, parler, c'est agir. Dans *Les Acteurs de bonne foi*, ce pouvoir du langage apparaît avec force : chacun y adopte un style particulier. Les personnages parlent selon leur condition. Chacun s'exprime toujours pour autrui : il s'agit de révéler les caractères. Les amoureux malheureux sont aisés à distinguer : Blaise et Lisette usent abondamment de termes affectifs, révélant ainsi leur souffrance. Leurs maîtres conservent leur assurance et leurs formules construites et équilibrées. L'avant-dernière scène est très révélatrice de ces variations : les « dames rient », posent des questions et s'affrontent à l'aide de phrases bien construites, jouant sur les mots. Les valets ont recours à de nombreuses exclamations, à des métaphores souvent ancrées dans le quotidien ; leurs phrases sont plus courtes et plus marquées par l'affectivité. Le comique ainsi mis en place sert tout autant la dimension morale que les épreuves mêmes, puisqu'il ancre dans la vraisemblance une histoire dont la dimension ludique pourrait parfois faire oublier la valeur éthique. Mimant le réel, miroir fidèle des conditions, le langage contribue donc à la forte portée de la pièce.

GROUPEMENT DE TEXTES : MISE EN ABYME ET JEUX COMIQUES DANS *LES ACTEURS DE BONNE FOI*

TEXTE 1 • *Les Acteurs de bonne foi*, scène première

MERLIN. – Oui, Monsieur [...] on ne t'en demande pas davantage.

PAGES 7-9, LIGNES 1-67

La mise en place de la mise en abyme

Dans la scène d'exposition, le spectateur assiste à la première étape de l'intrigue.

1. Montrez comment le valet affirme à la fois sa capacité d'invention dramaturgique et son désir de mettre à l'épreuve Lisette et Blaise.

2. Analysez les réactions d'Éraste et étudiez sa fonction dans cette scène.

TEXTE 2 • *Les Acteurs de bonne foi*, scène 2

MERLIN. – Allons, mes enfants [...] prendre ma contenance.

PAGES 10-11, LIGNES 1-39

Les rapports de la fiction et du réel

Merlin présente sa pièce à ses amis et définit les rôles.

1. Relevez et étudiez les procédés utilisés par Merlin pour mettre en valeur la « comédie » annoncée.

2. Quels sont les principaux traits de caractère de Lisette ? de Colette ?

3. Quel rôle Blaise joue-t-il ici ? En quoi est-il nécessaire ?

TEXTE 3 • *Les Acteurs de bonne foi*, scène 4

MERLIN. – Bonjour, ma belle enfant [...] risquer notre argent.

PAGES 15-18, LIGNES 1-100

L'épreuve

1. Analysez les procédés employés par Marivaux pour montrer la jalousie de Blaise et de Lisette.

2. Analysez les réactions de Blaise : semble-t-il être « de bonne foi » ?

3. Quel est, dans cette scène, le rôle de Merlin ? En quoi est-il nécessaire pour l'épreuve imposée à Blaise et Lisette ?

TEXTE 4 • *Les Acteurs de bonne foi*, scène 8

MME AMELIN, *un moment seule*. – Vous avez pourtant [...] Oui.

PAGES 30-31, LIGNES 1-34

La seconde épreuve

Pour réussir à faire jouer sa pièce, Mme Amelin sollicite l'aide d'Araminte et monte un spectacle à son tour.

1. Analysez les didascalies et les principaux champs lexicaux employés dans cette scène : quel registre évoquent-ils ?

2. Montrez que le spectateur assiste ici à la préparation de la « correction » du caractère de Mme Argante.

TEXTE 5 • *Les Acteurs de bonne foi*, scène 13

LE NOTAIRE, *s'adressant à Mme Amelin*. – Voilà [...] Allons terminer.

PAGES 42-44, LIGNES 1-72

Le dénouement

Les personnages sont prêts à conclure le mariage et la pièce...

1. Vous étudierez les différentes étapes de la scène. Quelles réflexions sur la comédie mettent-elles en valeur ?

2. Montrez qu'il s'agit d'un dénouement heureux, révélateur de la fonction traditionnelle de la comédie *(castigat ridendo mores)*.

VERS L'ÉPREUVE

ARGUMENTER, COMMENTER, RÉDIGER

L'ARGUMENTATION DANS *LES ACTEURS DE BONNE FOI*

TROIS QUESTIONS PRÉLIMINAIRES

Peut-on argumenter au théâtre ?

L'argumentation peut être considérée comme une composante du genre théâtral. La catharsis tragique repose sur une thèse, celle de la purification, et le *placere* sert en réalité le *docere*[1]. Bref, pour enseigner, il faut convaincre, donc argumenter. La comédie, cherchant elle aussi à « corriger » les mœurs, il lui faut donc convaincre, ou persuader, ses destinataires qu'un comportement est mauvais. L'argumentation est donc, là encore, fondamentale. Dans la pièce, l'argumentation repose sur une réflexion portant sur le genre. La comédie des « acteurs » montre une double perspective : d'une part, le genre n'est pas indigne des gens sérieux et Mme Argante n'a pas à s'offusquer d'un tel divertissement. La comédie peut donc être un spectacle de valeur. D'autre part, la comédie peut montrer la vérité, la fiction, le mensonge étant des moyens pour accéder à la révélation et au dévoilement. Merlin et Colette l'emploient pour vérifier la fidélité et la sincérité de leurs amants. Le principe aristotélicien de la *mimesis* renforce cette démonstration puisque la comédie, ici, *imite* des gens simples, proches des spectateurs, et montre les affres de tout amoureux inquiet. Voir les protagonistes permet au public de réfléchir sur ses propres actions et sentiments.

Pourquoi argumenter dans une comédie ?

La comédie doit plaire, divertir mais aussi instruire. Les argumentations représentées sur scène et incarnées par des acteurs qui les exposent et les mettent à distance, incitent le public à analyser ses réactions. Ainsi, l'intrigue des *Acteurs de bonne foi* expose les mœurs d'une époque, en donnant la parole aux paysans. Ceux-ci ne sont plus des faire-valoir de

---

1. *Placere* : plaire, *docere* : enseigner. La formule, souvent affirmée par les classiques, définissait le principe même du théâtre.

leurs maîtres comme au XVIIe siècle ou au début du XVIIIe, mais des acteurs à part entière : leurs sentiments sont ceux qui servent de référence et leurs actions imitent celles du tiers état. Les maîtres, bourgeois, sont également marqués par l'évolution des mentalités durant le siècle des Lumières : ils sont simples, parlent sans ostentation, ne méprisent pas leurs serviteurs, cherchent la respectabilité comme Mme Argante ou le plaisir, à l'instar de Mme Amelin. Bref, tous ressemblent aux spectateurs et incarnent des êtres vraisemblables qui transmettent une vision de la société et du théâtre.

Les Acteurs de bonne foi, *une œuvre argumentative ?*

Marivaux s'inscrit dans son temps, dans la mesure où il pose certaines des questions qui traversent la société. Les mariages, souvent arrangés jusqu'alors, sont évoqués directement par Blaise et Colette : doivent-ils être remis en cause au nom de l'épanouissement personnel, des choix individuels et des sentiments ? Les valets ont-ils des talents ? Peuvent-ils accéder à une dignité littéraire ? Merlin semble revendiquer cette capacité. Les gens doivent-ils se conformer à des modèles sociaux ? Faut-il refuser de s'amuser quand on est une personne sérieuse et d'un certain âge, comme l'affirme Mme Argante, ou est-il permis de se distraire sans façon, comme l'affirme Mme Amelin ? L'âge est-il un élément essentiel dans le mariage ? Araminte semble revendiquer le droit au bonheur pour la maturité, tandis que les deux jeunes amants le réservent à la jeunesse. La comédie est-elle un genre de qualité, ou faut-il réserver ses représentations à la rue et au peuple ? Joue-t-elle un rôle ? Peut-elle révéler la vérité psychologique ? Les grandes réflexions qui traversent le siècle, qui aboutiront aux traités et aux idéaux des révolutionnaires, sont ici exposées dans leur gestation et leur évolution. Bien que la pièce ne soit pas représentée à l'époque, Marivaux participe ainsi aux débats du temps.

LA MISE EN ABYME

Le théâtre dans le théâtre s'inscrit dans toutes ces réflexions. En doublant les représentations, en mettant en scène des acteurs qui jouent le rôle de personnages de « bonne foi », qui interprètent un rôle et qui, pour certains, mentent, Marivaux invite à analyser la fonction du théâtre, celle du jeu et du mensonge. La fiction, littéraire, sociale... devient un procédé de révélation de la vérité. À la fin de sa carrière, le dramaturge est arrivé à la conclusion que l'art peut être un moyen de mettre en lumière la réalité, que le faux permet d'accéder au vrai, que l'esthétique et l'artistique peuvent jouer un rôle social et humain. Le petit monde clos de la pièce, sa courte durée constituent un instrument de réflexion et de correction efficace.

SUJETS

INVENTION ET ARGUMENTATION

Sujet 1

Imaginez le discours que pourrait tenir Mme Argante pour justifier précisément devant Mme Amelin son refus d'assister à une représentation théâtrale.

Sujet 2

Merlin, qui a entendu parler Araminte et Mme Amelin (sc. 8), surgit pour donner des conseils et proposer un canevas précis de cette « représentation ». Imaginez leur dialogue.

Sujet 3

Éraste, sollicité par Araminte elle-même, expose les raisons pour lesquelles il ne veut ni ne peut épouser Araminte. Imaginez la scène qui le confronterait alors à la jeune femme.

Sujet 4 : analyse d'image (p. 91)

Après avoir observé la photographie, vous vous demanderez quels effets la position des personnages et le décor peuvent produire sur le spectateur.

COMMENTAIRES

Sujet 5

TEXTE 6 • *Les Acteurs de bonne foi*, scène 2

MERLIN. – Allons, mes enfants [...] prendre ma contenance.

PAGES 10-11, LIGNES 1-39

Après avoir répondu aux questions, vous ferez le commentaire de la scène en analysant la manière dont Merlin met en place le jeu théâtral.

1. En quoi ce passage est-il une scène d'exposition ?
2. Quel est, dans cette scène, le rôle précis de Merlin ?

Sujet 6

TEXTE 7 • *Les Acteurs de bonne foi*, scène 6

MME ARGANTE. – Qu'est-ce que c'est donc [...] de mon avis.

PAGES 25-27, LIGNES 1-54

Après avoir répondu aux questions, vous ferez le commentaire de la scène en analysant la manière dont la comédie y est présentée.

1. Étudiez le personnage de Mme Argante.
2. Quelles définitions du théâtre voit-on ici apparaître ?

Sujet 7

TEXTE 8 • *Les Acteurs de bonne foi*, scène 11

MME ARGANTE *continue*. – La comédie [...] qu'on achève.

PAGE 38, LIGNES 1-21

Après avoir répondu aux questions, vous ferez le commentaire de la scène en analysant la manière dont elle prépare le dénouement.

1. Qui est, dans cette scène, l'artisan du dénouement ?
2. Quelle est l'importance d'Araminte ?

Les Acteurs de bonne foi de Marivaux, mise en scène de Marc Deslandes, Compagnie À Tour de rôle, Marly-le-Roi, centre culturel Jean Vilar, février 2004.
Ph © / Compagnie À Tour de Rôle

Sujet 8

TEXTE 9 • *Les Acteurs de bonne foi*, scène 12

MME ARGANTE *continue.* – J'ajoute dix pistoles [...] malgré moi.

PAGES 39-41, LIGNES 1-58

Après avoir répondu aux questions, vous ferez le commentaire de la scène en analysant les rapports qui y unissent ou opposent le réel et le jeu théâtral.

1. Vous étudierez les répliques de Blaise. Que révèlent-elles ?

2. Comment Mme Argante mène-t-elle le jeu ?

DISSERTATIONS

Sujet 9

Jean Vilar, lors de sa mise en scène du *Triomphe de l'amour*, en 1956, au TNP, qualifiait ainsi l'auteur des *Acteurs de bonne foi* : « Marivaux-le-cruel ». Pensez-vous que, pour corriger les mœurs, la comédie doive passer par la souffrance des personnages ?

Indications pour traiter le sujet

Analysez le terme « cruel » : songez au comportement de Merlin et Colette, à la manière dont ils « torturent » Blaise et Lisette ; à celui de Mme Amelin et Araminte qui font souffrir Éraste, Angélique et, dans une moindre mesure, Mme Argante. Rapprochez l'énoncé du *castigat ridendo mores* et analysez les moyens dont dispose ordinairement la comédie pour parvenir à corriger les mœurs. Cherchez des exemples précis de comédies et élaborez un plan dialectique rigoureux.

Sujet 10

Une comédie doit-elle nécessairement proposer des personnages ridicules ?

Indications pour traiter le sujet

Analysez le terme « ridicules », reliez la pièce aux comédies traditionnelles et demandez-vous en quoi le *castigat ridendo mores* exige la présence de personnages ridicules. Cherchez des exemples précis, élargissez votre réflexion aux comédies modernes et proposez un plan analytique.

BIBLIOGRAPHIE

Œuvres de Marivaux

MARIVAUX, *Théâtre complet*, éd. H. Coulet et M. Gilot, Gallimard, « Bibliothèque de la Pléiade », 1993.

MARIVAUX, *Théâtre complet*, éd. F. Deloffre et F. Rubellin, Bordas, « Classiques Garnier », 1989.

Études critiques sur le théâtre

ATTINGER G., *L'Esprit de la commedia dell'arte dans le théâtre français*, Neufchâtel, La Baconnière, 1950.

AZIZA Cl., OLIVIERI Cl., SCTRICK R., *Dictionnaire des figures et des personnages*, éd. Garnier, 1981.

BAUDELAIRE Ch., *Œuvres complètes*, Gallimard, La Pléiade, 1951.

EMELINA J., *Les Valets et les servantes dans le théâtre comique en France, de 1610 à 1700*, éd. CEL-PUG, 1975.

FRYE N., *Anatomy of criticism*, Princeton University Press, 1957 ; trad. fr. Gallimard, 1969.

LARTHOMAS P., *Le Langage dramatique*, Armand Colin, 1972.

PAVIS P., *Dictionnaire du théâtre*, Éditions sociales-Messidor, 1987.

VOLZ P., *La Comédie*, Armand Colin, 1964.

Études critiques sur Marivaux

COULET H., GILOT M., *Marivaux, un humanisme expérimental*, Larousse, « Thèmes et textes », 1973.

DEGUY M., *La Machine matrimoniale ou Marivaux*, Gallimard, « Tel », 1986.

DELOFFRE F., *Une préciosité nouvelle : Marivaux et le marivaudage*, Armand Colin, 1971.

DESCOTTES M., *Les Grands Rôles du théâtre de Marivaux*, PUF, 1972.

POMEAU R., « La surprise et le masque dans le théâtre de Marivaux », in *The Age of the Enlightenment*, Oliver et Boyd, Édimbourg et Londres, 1967, p. 238-251.

SCHÉRER J., *Marivaux et Pirandello*, Cahiers de la Compagnie Renaud-Barrault, n° 28, 1960, p. 38-43.

TISSIER A., *Les Fausses Confidences de Marivaux*, SEDES, 1976.

Études sur **Les Acteurs de bonne foi**

EIGENMANN E., « Monnaie de la pièce : *Les Acteurs de bonne foi* de Marivaux », in Berchtold J. et Porret M., *Être riche au siècle de Voltaire*, Genève, Droz, 1996, p. 349-361.

GIRARD B., « La logique marivaudienne dans *Les Acteurs de bonne foi* », in *Travaux sur le XVIIIe siècle*, UER des lettres et sciences humaines d'Angers, 1978, p. 75-86.

Études sur le XVIIIe siècle

CHAUSSINAND-NOGARET G., *La Noblesse au XVIIIe siècle*, Hachette, 1976.

JEAN G., *Voyages en utopies*, Gallimard, « Découvertes », 1994.

LATHUILLÈRE R., *La Préciosité : étude historique et linguistique*, Droz, tome 1, 1969.

MÉTHIVIER H., *Le Siècle de Louis XV*, PUF, « Que sais-je ? », 1991.

Sites Internet

www.revuemarivaux.org

www.comedie-française.fr

www. Site-magister. com

Classiques & Cie

6 Abbé Prévost
Manon Lescaut

41 Balzac
Le Chef-d'œuvre inconnu
Sarrasine

47 Balzac
Le Colonel Chabert

53 Balzac
La Femme de trente ans

11 Balzac
Histoire des Treize
(Ferragus - La Duchesse de Langeais
La Fille aux yeux d'or)

3 Balzac
La Peau de chagrin

34 Balzac
Le Père Goriot

74 Barbey d'Aurevilly
Le Chevalier Des Touches

42 Barbey d'Aurevilly
Les Diaboliques

20 Baudelaire
Les Fleurs du mal

61 Baudelaire
Le Spleen de Paris

55 Beaumarchais
Le Barbier de Séville

15 Beaumarchais
Le Mariage de Figaro

59 Chateaubriand
René

51 Corneille
Le Cid

71 Corneille
Horace

2 Corneille
L'Illusion comique

38 Diderot
Jacques le Fataliste

66 Diderot
Supplément au Voyage de Bougainville

62 Flaubert
L'Éducation sentimentale

17 Flaubert
Madame Bovary

44 Flaubert
Trois Contes

70 La Fontaine
Fables

4 Hugo
Le Dernier Jour d'un condamné

60 Hugo
Hernani

21 Hugo
Ruy Blas

8 Jarry
Ubu roi

36 La Bruyère
Les Caractères
(De la ville - De la cour
Des grands - Du souverain
ou de la république)

5 Laclos
Les Liaisons dangereuses

14 Lafayette (Mme de)
La Princesse de Clèves

50 Marivaux
La Double Inconstance

46 Marivaux
L'Île des Esclaves

12 Marivaux
Le Jeu de l'amour et du hasard

75 Marivaux
Les Acteurs de bonne foi

30 Maupassant
Bel-Ami

52 Maupassant
Le Horla et autres nouvelles
fantastiques

18 Maupassant
Nouvelles